어학연수 카페
NO.1
어학연수 준비하기
LANGUAGE SCHOOL
필리핀·인도
어학연수
꼭 성공하기
한국형 어학연수의
글로벌 스탠다드
Can I get
a refund?

어학연수 카페 NO.1
필리핀·인도 어학연수 꼭 성공하기
어학연수 준비하기

필리핀·인도
어학연수
꼭 성공하기
I'd like to cancel my flight.
How Much?
어학연수 준비하기
한국형 어학연수의
글로벌 스탠다드
Study English With Hyejiwon

어학연수 카페
NO.1
어학연수 준비하기
필리핀·인도
어학연수
꼭 성공하기
한국형 어학연수의
글로벌 스탠다드
WELCOME!
MINA LEE.

어학연수 꼭 성공하기

저자 **김태형**

이 책의 저자 김태형은 1971년 경남 거창에서 태어났으며 한국외국어대학교 영어과를 졸업하고 여행사 및 유학원을 직접 경영했다. 벤처회사에서 잠시 근무하다가 2001년 세계일주를 떠나 아시아-대양주-미주-유럽-아프리카를 경유하며 대학 및 언어연수기관을 방문하였고, 많은 이들의 어학연수 경험을 접하게 된다. 여행 후 다음카페 '어학연수 꼭 성공하기'를 만들어 지금까지 10만여 회원과 경험을 공유하고 있다. 이 책은 저자의 세계일주 경험과 10만 카페 회원들의 경험을 바탕으로 구성되었다. 현재 ㈜유학어드바이스에서 어학연수 프로그램 개발과 유학상담 업무를 맡고 있다.

다음카페 '어학연수 꼭 성공하기' http://cafe.daum.net/uhakadvice
저자 이메일 goodjob100@naver.com

필리핀·인도 어학연수 꼭 성공하기

초판 인쇄일 _ 2009년 5월 20일
초판 발행일 _ 2009년 5월 29일
지은이 _ 김태형
발행인 _ 박정모
발행처 _ 도서출판 혜지원
주소 _ 서울시 동대문구 장안 1동 420-3호
전화 _ 영업부 02)2212-1227, 2213-1227 / 편집부 02)2249-7975
팩스 _ 02)2247-1227
홈페이지 _ http://www.hyejiwon.co.kr

기획 · 진행 _ 이영희
편집 디자인 _ 박혜경
표지 _ 박혜경
영업마케팅 _ 김남권, 황대일, 고광수, 서지영
ISBN _ 978-89-8379-602-8
정가 _ 11,000원

혜지연

얼마 전 우연히 퍼시벌 로웰의 『내 기억 속의 조선, 조선 사람들』 이라는 책을 접했던 적이 있습니다. 그 책을 읽으면서 내내 마음 밑바닥에 소화불량 같이 불쾌하게 자리 잡은 상념이 있었는데, 지은이가 느낀 그토록 아름답고 색다른 풍경의 숭례문도, 환상을 불러일으킨다고 한 흰옷과 느리고 우아한 조선인의 걸음걸이 따위가 아니었습니다. 당시 참으로 지지리도 가난하고 못 살았구나 하는 안타까움과 그 시대 식민지 노예로 전락한 이 땅에 태어났으면 어찌 살아갔을까 하는 두려움 같은 감정들이었습니다. 그럼에도 세상의 변화에는 아랑곳 하지 않았던 지배체제나 사상체제는 또 어찌나 답답하게 느껴지던지요...

며칠 생각을 그리 묵혀두다 보니 오늘날의 우리를 생각하게 되고, 결국 변변한 자원이나 농토가 없는 척박한 이 땅에서 우리가 힘차게 나아갈 길은 세계의 중심이 되는 것과 세계로 뻗어 나가는 길밖에는 없다는 생각을 갖게 됩니다.
앞으로 다가올 미국과 중국의 패권다툼에 전쟁터로 새우등 터지는 불행을 당하지 않기 위해서는 싱가폴이나 홍콩을 능가하는 경제중심지가 되어야 할 것입니다. 자국의 기업들이 활발하게 활동하는 공간에서 위험한 일이 발생하기를 원하는 국가는 없으니 우리의 안보를 위해서도 가장 중요한 일이 될 것입니다. 또한 국민의 먹고살거리는 수출에 크게 의지해야 하는 구조이니 더욱 더 세계로 뻗어 나가야 할 것입니다. 수출전사가 되든, 건설 역군이 되든, 이민자가 되어서 한국의 상품들을 널리 알리며 소비해 주던 더 멀리 더 적극적으로 뻗어 나가야만 국력이 튼튼해지리라 생각합니다.

그러기 위해서는 우리의 영어능력이 지금보다 더욱 절실해집니다. 물론 영어에 대해 여러 노력을 기울이고 있기는 하지만, 국가적 투자는 핵심을 엇나가고 있으며, 개인의 투자들은 필요이상 과하거나 너무도 실패가 많아 오히려 외화낭비라는 부정적 결과만 양산해 내고 있기도 합니다.

이에 필리핀과 인도에서의 어학연수를 대안으로 제시하고자 합니다. 저렴한 비용으로
도 최고의 효과를 얻을 수 있으니, 지금보다도 더 보편적인 어학연수지로 널리 이용되
어야 하리라 생각합니다.
국가적 입장에서는 적은 외화유출로 국가적 영어능력 향상이 기대될 수 있으며, 개
인적 입장에서는 적은 비용투자로 비교적 많은 이들에게 영어능력 향상이라는 동등
한 기회를 가질 수 있게 됩니다. 이는 영어능력으로 인해 발생할 수 있는 계층격차를 줄
일 수 있게 하여 더욱 건강한 사회를 만드는 데에도 일조하게 됩니다.

한국 사람들에 의해서 만들어져 온 필리핀, 인도어학연수는 아직 많은 인원은 아니지
만, 일본, 대만, 중국, 남미, 유럽권 학생까지도 찾고 있습니다. 이는 한국형 어학연수
모델이 효율성을 인정받아 글로벌 스탠다드가 되어 가고 있다는 것을 의미합니다.
비싼 나라에서 한 달에 400~500만원씩 쓰면서 제대로 성취조차 못하는 어학연수의 허
례허식을 버리고, 100여만원 대의 비용으로 제대로 성취하는 어학연수의 실사구시를
만들어 갔으면 합니다.

그리하여 첫 세계화 시대였던 조선말에는 이룩하지 못한 세계 속의 자랑스런 대한민국
을 보다 거대한 세계화 시대인 21세기에는 반드시 이룩했으면 하는 바람을 갖습니다.
아울러 본 책의 내용을 잘 이해하고 실행하여 모든 분들이 성공적인 어학연수를 성취하
시길 기원드립니다.

여러분들의 건투를 빕니다.

2009년 저자 김태형 드림

● ● 한 대상에 대한 지식을 씨줄과 날줄로 촘촘히 엮으려고 욕심을 내다보니 중복되어 강조된 개념들이 간간히 있습니다. 각 소주제 항목에서도 누락없이 사전 설명되어야 할 내용들이다보니 그런 현상이 생긴 듯 합니다.
지식서적이니만큼 중요한 사항은 반복하여 강조되는 것도 효과적일 수 있으리라 생각됩니다. 참고해 읽어주시면 감사하겠습니다.

● ● 보다 구체적인 도움이 필요한 사항에는 각 주제 아래에 전문업체 소개도 실어 두었습니다. 고민없이 성공연수에만 몰입하실 수 있도록 혜택이 되는 사항만 기재하였으니 필요에 따라서 참고하면 되겠습니다.

● ● *Special Thanks*

여러 사진과 자료 등 본 책의 집필에 가장 큰 도움을 주신 필리핀 CPILS 어학원과 인도 PSP 어학원 관계자님께 감사의 인사를 먼저 드립니다. 아울러 해외에서 건전한 어학원 운영을 위해 선도적 노력을 기울여 오신 모습에 경의를 표합니다.
이외 여러 연수사례와 토론 속에서 많은 영감을 준 '어학연수 꼭 성공하기' 서울사무소 가족 분들과, 떨어져 있지만 메일로 많은 자료와 성원을 아껴주지 않으신 부산 염홍규 실장, 대구 염우진 실장, 대전 윤수인 원장, 광주 최성혁 실장, 청주 김민수 실장 등 지방사무소 임직원 분들께도 감사의 인사를 드립니다.
앞으로도 성공하는 대한민국의 어학연수 문화를 위해서 함께 더욱 노력해 나갈 수 있기를 바랍니다.

차례

1 왜 필리핀·인도 어학연수인가?

과연 연수할 환경의 나라들인가?　12
언어학습의 잠복기 단축하기　14
24시간 영어 '학습'을 위한 환경　19
1:1 수업　22
편안한 심리적 환경　25
학습에만 투자할 수 있는 기숙환경　27
한국음식 먹으면서 연수하는 것　28
저렴한 비용　30
가장 중요한 건 '자신감'　32
조기 영어교육에 활용하기　34
한국형 어학연수의 글로벌 스탠다드　37

2 필리핀·인도 어학연수 & 서구권 연계연수 자세히 알아보기

필리핀·인도 어학연수의 한계　42
서구권 어학연수와 비교하기　47
서구권 연계어학연수 장점과 패턴들　49
연계연수는 혼란스러울까?　52
전체 어학연수에서 포지셔닝하기　54
서구권 가서 최고레벨 들어가기　56
발음문제　59
적절한 연수기간은?　61

얼마나 향상되나? 63

연수형태와 연수기관들 65

다른 아시아 국가(싱가폴, 말레이시아)와 비교하기 67

한국에서 1:1수업을 하는게 낫지 않을까? 68

초보자에게만 유리한가? 70

취업에도 더 유리 71

안전문제 73

연수비용 75

3. 필리핀 · 인도 어학연수 성공하기

예습 없는 연수생활은 허당 80

몰입형 연수, 문제는 시간! 84

연수 전 영어학습하기 86

고독한 어학연수 89

주중 외출금지 91

1:1 수업과 그룹수업의 병행 93

영어일기 하루도 빠짐없이 쓰기 95

성취해야 할 목표들 96

연계연수시 주의사항들 98

문화적 체험들, 취업하기 100

연수 이후 Follow up 하기 102

4. 필리핀 · 인도 어학연수 준비하기

연수기관 선택하기 106

필리핀 어학연수 준비과정 110

인도 어학연수 준비과정 113

출국준비사항 116

5 필리핀 알아보기

필리핀이라는 나라?	122
필리핀 주요도시들	125
필리핀 & 필리핀인들의 문화적 특징들	128
필리핀 생활의 이모저모	131
필리핀연수에서 학업 이외 활동들	136

6 인도 알아보기

인도라는 나라?	140
21세기 유일한 초고성장 국가?	143
인도의 주요도시들	145
인도 & 인도인의 문화적 특징	148
인도생활의 이모저모	152
인도연수에서 학업 이외 활동들	156

7 어학연수 생활 엿보기

예원이의 인도 PSP 어학원에서의 하루일과	162
세영이의 필리핀 CPILS 어학원에서의 생활들	172

8 나의 Role모델 경험담 읽어보기 — 184

에필로그

인생의 단 한번 뿐인 나만을 위한 소중한 시간, 어학연수...	194

왜 필리핀·인도 어학연수인가?

- 과연 연수할 환경의 나라들인가?
- 언어학습의 잠복기 단축하기
- 24시간 영어 '학습'을 위한 환경
- 1:1 수업
- 편안한 심리적 환경
- 학습에만 투자할 수 있는 기숙환경
- 한국음식 먹으면서 연수하는 것
- 저렴한 비용
- 가장 중요한 건 '자신감'
- 조기 영어교육에 활용하기
- 한국형 어학연수의 글로벌 스탠다드

과연 연속할 환경의 나라들인가?

많은 분들이 아직도 필리핀이나 인도에서의 어학연수를 매우 회의적 시각으로 바라보며 비상식적인 것으로 치부하곤 합니다. 이들 나라에 짧은 여행을 다녀오거나, 또는 한국의 근무현장에서 이들 노동자와 접해보신 분들은 '그런 영어를 어찌 배울 수 있을까?' 라는 의문을 강하게 제기하곤 합니다.

이는 필자 또한 마찬가지였습니다. 처음 필리핀에 갈 때 항공기 내에서 기장의 방송을 들은 적이 있는데, "웰꼼 뚜 삘리삔 에올라인~"으로 인사가 시작되었습니다.
'헉~ 그래도 기장이면 교육수준이 높을 텐데, 기장의 영어능력이 이 정도라면 대체 필리핀에서 영어를 어찌 배운단 말인가' 라는 두려움이 강하게 밀려 왔었습니다.
현지 도착했더니 아니나 다를까, 픽업차량을 운전하는 이는 차가 막힐 때 "뜨라삑~

(Traffic)"이라고 연신 떠들고, 영어의 억양 또한 독특한 필리핀 스타일이 대부분이었습니다. 예를 들면 뒷 부분의 억양이 올라가고 길게 늘어지는 경우가 많았습니다. "아임 쏘 리리리리~~~" 같은 식으로.
인도 또한 필리핀과 크게 다르지 않습니다. 도처에서 만나게 되는 인도인들의 영어수준은 매우 인도화 되어 있고, 일반인들의 영어능력은 어학연수를 이곳에서 한다는 것이 가능할까 하는 회의감을 던져주기에 아주 충분한 수준이라 할 수 있습니다.

물론 이는 일상에서 만나게 되는 필부필녀들의 경우이고, 필리핀이나 인도에서도 대학교육 이상을 받은 이들은 정확한 영어표현과 스타일을 구사하는 경우가 대부분입니

다. 하지만, 어학연수의 가장 본질적인 목적이 24시간 영어를 사용하는 환경을 위한 것이라는 관점에서 본다면, 여전히 필리핀과 인도는 어학연수지로 적절한 곳이라 할 수는 없는 곳들입니다.

그럼에도 불구하고 십 여년이 넘는 기간 동안 많은 이들이 필리핀과 인도로 어학연수를 가고 있으며, 그 중 대부분이 이들 국가에서 연수를 한 경험자에 의한 소개로 선택을 하고 있고, 그 중 많은 이들이 서구권에서 어학연수를 한 경우보다 몇 배 이상의 빠른 언어적 성취를 보이고 있습니다.

만일 필리핀과 인도가 어학연수 환경으로 전혀 무가치 하다면 정보가 오픈되어 있는 인터넷 시대에 그 오랜 역사성을 갖기는 힘들 것입니다.

또한 경험자들이 친구와 선후배에게 추천하지는 않을 것입니다.

과연 왜 그럴까요?

자 그럼 영어능력 향상이라는 관점에서 필리핀과 인도 어학연수가 갖고 있는 장점에 대해서 한번 알아보도록 하겠습니다.

2 언어학습의 잠복기 단축하기

앞에서 어학연수의 가장 본질적 목적이 24시간 영어를 사용하는 환경을 위한 것이라 말씀드렸습니다. 이는 한국의 0시간 영어사용의 환경과 대비되는 것으로써 어학연수의 가장 중요한 환경적 목적이라 할 수 있습니다.

옥수수 알갱이에 열을 충분히 가해야 비로소 팝콘으로 터져나오는 순간이 있듯이 언어도 지속적인 투자가 일정 기간 지속되어야만 깨달음이라는 자신감을 얻을 수 있게 됩니다. 0시간 영어사용의 환경은 나름 노력한다 하여도 열의 세기가 너무 약하여 도무지 옥수수 알갱이가 터질 기미를 느끼기가 어려운 상황이 될 것입니다. 24시간 영어 사용의 환경이라는 것은 열의 세기가 비로소 팝콘을 만들 수 있을 정도의 세기가 되는 것을 의미합니다.

그런데 24시간 영어 사용하는 환경으로 간다고 해서 바로 옥수수 알갱이가 팝콘이 되지는 않습니다. 급격한 언어적 환경의 변화를 겪게 됨으로써 적응기간인 언어적 잠복기가 상당히 오래 지속이 되게 됩니다. 언어적 잠복기란 충분한 세기의 열을 가해도 한참 동안은 옥수수 알갱이 상태로 지속되어 있는 것과 마찬가지의 경우입니다.

언어라는 것이 매 순간 연습하는 만큼 나날이 그만큼 실력이 늘어나는 것이 아니기 때문입니다.

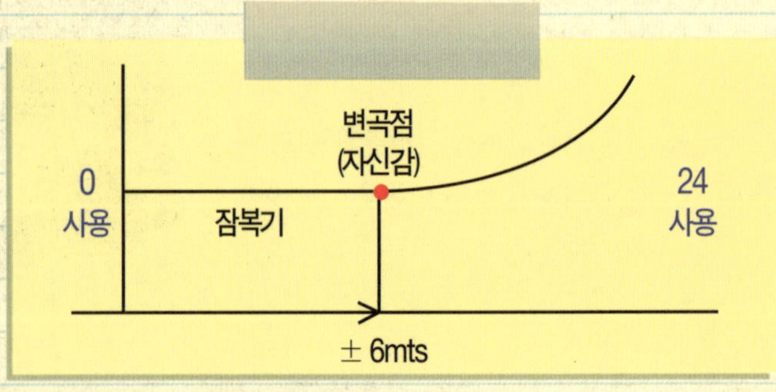

앞의 표에서 볼 수 있듯이 어학연수를 가서 언어적 잠복기를 오래 겪게 되는데, 이 기간이 길어짐으로써 대부분의 어학연수가 실패로 귀결되는 경우가 많습니다.

이 시기는 한국에서의 기대와 달리 본인이 24시간 영어하는 환경을 능동적으로 이용할 수 없기 때문에 좌절감과 우울감이 생기고, 심지어는 영어하는 환경을 주어도 오히려 회피하고자 하는 경향이 강하게 나타나게 됩니다. 한국에서 연수 준비를 할 때에는 한국사람 없는 연수환경을 찾곤 하지만, 위 잠복기 시기에는 외딴 환경인 해외에서 마음 둘 곳이 없어 오히려 한국학생을 더 찾고 서로 의지하게 되는 경우가 많습니다.

이 시기를 벗어나는 평균적인 기간이 6개월 내외인데 이도 열심히 노력하면서 잘 버티었을 경우에 해당되며 많은 이들은 이 시기 안에서 전전긍긍하며 연수기간 전체를 흘러보내는 경우도 많고, 또는 실력향상에 대한 비전을 느끼지 못해 조기귀국을 하는 경우도 많습니다.

따라서 성공적인 어학연수를 하기 위해서는 이러한 언어적 잠복기를 최대한 짧게 만들어 주는 것이 필수적입니다.

잠복기를 지남은 일종의 언어적 시야가 트이는 깨달음의 시간이라 할 수 있습니다.

깨달음은 번개처럼 다가오게 되는데, 영화 [블랙]을 보면 듣지도 보지도 못하여 세상과 전혀 소통을 하지 못하는 주인공 '미셸'이 어느 순간 물(Water)을 손으로 느끼며 선생님 '사하이'의 노력에 반응하여 "워.. 워.." 라고 외마디 소리를 최초로 내지르는 감동적인 순간과 같다고 할 수 있습니다.

바로 이 순간을 열을 가해도 한동안 가만히 있다가도 어느 순간 "펑"하고 제 몸을 내터지르는 팝콘의 변화순간과 같은 변곡점, 임계점이라 할 수 있겠습니다.

이러한 언어학습의 잠복기 단축은 크게 두 가지 방법으로 성취를 할 수 있습니다.

하나는 다음 표에서 보듯이 한국에서 오랜 동안 영어학습을 지속해 온 역사성이 있는 경우입니다. 주변에 보면 영어를 유독 좋아하고, 열심히 하고, 영어하는 기회

를 한국에서부터 열심히 쫓아다니고 하는 친구들을 볼 수 있습니다. 이러한 수준이라면 언어적 잠복기는 2~3개월 정도 안에 지날 수 있으며, 곧 24시간 영어하는 환경을 능동적으로 이용해 낼 수 있게 됩니다. 가장 건전한 형태의 어학연수라 할 수 있는데, 기본적인 의사소통 정도는 가능한 수준에서 연수를 떠나는 경우라 할 수 있습니다.

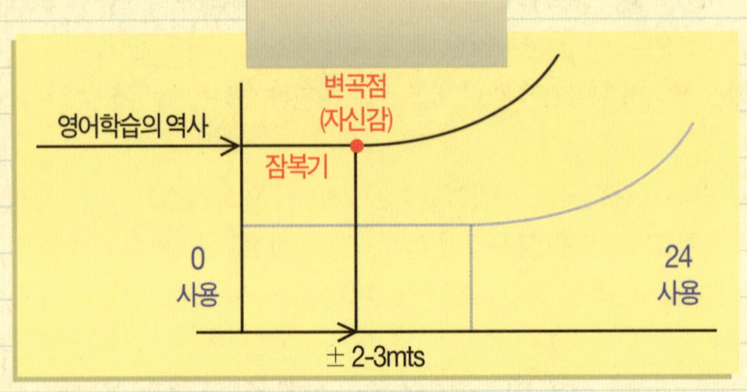

그런데 어학연수를 준비하는 분들 대부분은 위의 경우에 해당되지 못하고 있습니다. 개인적인 상담의 경험을 보아도 심지어 영어한마디도 써 본적이 없는 경우가 훨씬 많다 할 수 있습니다.

그렇다고 지금부터 한국에서 위 수준을 만들겠다고 계획하는 것도 쉽지 않습니다. 짧은 시간으로 해결될 수 있는 사항도 아닐뿐더러 한국이라는 0시간 영어하는 환경에서 시간 대비 효율성이나 실현성이 담보되지 못하기 때문입니다.

그럼 언어학습의 잠복기를 단축하는 다른 한가지의 방법을 생각해 보도록 하겠습니다.
다름아닌 전체 연수기간을 상/하 또는 상/중/하로 나눌 경우 상반기에 해당되는 시기를
필리핀이나 인도에서 보내는 것입니다.

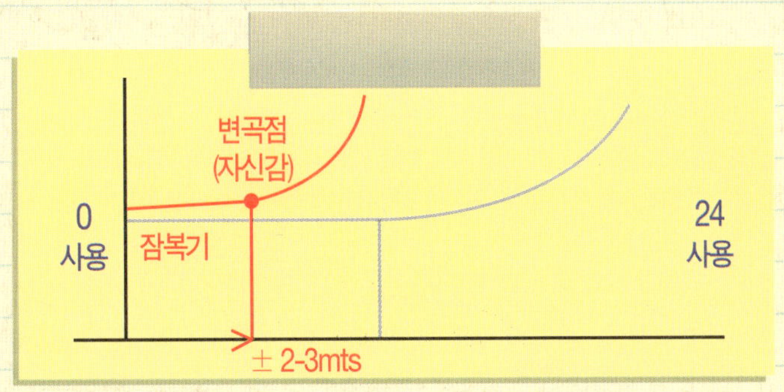

동일한 수준에서 어학연수를 시작한다고 가정할 때 필리핀이나 인도에서 어학연수를
시작하게 되면 위 표에서와 같이 언어적 잠복기를 훨씬 짧은 시간 안에 단축시킬 수 있
습니다.

위와 같은 성취를 할 수 있는 요건은 여러 가지가 있겠지만, 무엇보다도 초반 어학연수
의 컨셉에 있어서 필리핀과 인도가 서구권 환경보다 더욱 효과적인 언어학습의 환
경적 요소를 가지고 있기 때문입니다.

그러한 환경적 장점을 한마디로 정의하면 24시간 '영어학습' 또는 '영어연습' 의 환경
이라 할 수 있습니다.

앞서 어학연수의 본질적인 목적이 24시간 '영어사용' 의 환경에 있다고 말씀드렸는데,
이와 더불어 24시간 '영어학습' 의 환경은 어학연수의 가장 본질적인 두 가지 목적을 이
룬다 할 수 있습니다.

24시간 '영어학습' 의 환경을 정의하면, 한국에서의 '일상' 과 대비되는 환경이라 할 수
있습니다. 영어의 중요성을 알고 열심히 하고자 하지만 한국에서는 학교생활, 직장생
활, 집안일, 교우관계, 주변 대소사 등등 여러 일상으로 인해서 내 모든 시간과 에너지
를 영어에만 집중 투자하기가 쉽지가 않습니다. 그런 환경에서 실력향상은 요원한 일이
기도 합니다. 따라서 내 인생의 일정 시간을 쪼개어 영어에만 시간과 에너지를 몰입 투
자하겠다는 개념이 바로 24시간 '영어학습' 의 환경이라 할 수 있습니다.

그럼 이러한 어학연수의 두 가지 본질적인 목적이 어학연수의 각 시기별로 어떻게 적용
되는지에 대해서 필리핀과 인도의 예를 통해서 알아보도록 하겠습니다.

3 24시간 영어학습을 위한 환경

앞서 설명드린 어학연수의 본질적인 목적 2가지를 다시 정리해 보면 다음과 같습니다.

> 24시간 영어 '사용'을 위한 환경
> 24시간 영어 '학습'을 위한 환경

어학연수는 대학처럼 명문대를 나왔다고 인정받는 '형식'이 중요한 대상이 아니라, 영어를 잘함으로써 인정받는 '내용'이 중요한 대상이 됩니다. 따라서 국가나 지역, 어떤 연수기관에서 했는가가 중요한 것이 아니라, 바로 위 2가지 목적이 되는 환경을 잘 지키는 것이 중요하다는 것을 반드시 인식을 해야 합니다.

그리하여 어학연수 시 하루를 정리하면서 늘 "내가 위 2가지 목적에 부합되는 오늘을 보냈는가?" 반성해 보면서 더욱 충만한 하루를 보낼 수 있도록 노력해야 합니다.

그런데 위 두 가지 목적은 각 시기별로 적용되는 중요성의 차이가 있습니다.

어학연수 초반 기간은 단연 24시간 영어 '학습'을 위한 환경이 더 중요한 의미가 있다고 할 수 있으며, 이후 언어학습의 잠복기를 지나고부터는 단연 24시간 영어 '사용'을 위한 창조적 환경을 만드는 것이 더 중요한 일이 됩니다.

영어를 잘 구사하지 못하는 연수 초보생에게 처음부터 영어하는 기회만 제공한다고 하여 그것이 효과적일 수는 없습니다. 그런 컨셉은 유소년을 위한 어학연수 컨셉은 될 수 있어도 성인에게는 적합하지 않은 어학연수 컨셉이라 할 수 있습니다. 유소년에게는 5~10년 정도의 기대시간을 줄 수 있지만, 성인은 최장 1년 이내의 어학연수로 언어적 성취를 반드시 획득해야 하기 때문입니다.

예를 들면 어린 유아가 한국어를 익힐 때 일년 내내 '이게 모야?' 하면서 물건 하나씩의 이름만 익혀나가도 대견해 하지만, 성인이 미국에 가서 1년 내내 "What is this?" 하면서 물건 하나씩 이름을 알아온다는 것은 참으로 넌센스에 해당되는 것과 같다 할 수 있습니다.

성인연수생이라면 짧은 기간 안에 언어를 성취해야 하고, 그러기 위해서는 반드시 영어사용을 할 대상에 대한 영어적 지식의 '학습' 과 그것을 '사용' 해 보는 작업의 순환적인 반복이 필요하게 됩니다. 바로 공자님의 말씀처럼 학이시습지(學而時習之), 즉 學과 習을 반복하는 것입니다.

영어로 자기소개를 해도, 가족소개를 해도, 내가 좋아하는 영화, 스포츠, 취미를 말해도, 글로벌 이슈에 대해서 토론을 해도 자신이 그것에 대한 영어로 된 지식을 습득해 보지 않고서는 머리 속에서 저절로 영어가 나오지 않게 되는 것입니다.

따라서 어학연수시 수업시간에 대화할 주제 등에 대해서 교재의 토픽을 미리 10번 이상 읽어보고 또 별도 작문과제도 해 보고, 자신의 의견도 준비해 보고, 또 그것을 10번 이상 읽어보고 하는 준비과정이 매우 중요합니다.

그렇게 한 후 'Speaking' 해 본 내용은 잊혀지지 않게 되며, 하루에 3~4개 정도의 토픽만 연습해도 한 달이면 100 여개의 토픽이 되고, 그렇게 일상의 영어대화에 있어서 가능한 수준에 서서히 접근해 가게 되는 것입니다.

필리핀과 인도에서는 보통 하루에 6시간 이상의 수업을 합니다. 1:1과 그룹수업이 병행 구성되어 있는데 적지 않은 수업시간이 됩니다. 특히 1:1은 진도도 빨리 나갈 수 있기 때문에 단체 수업에 비해서 학습량은 더 많게 됩니다.

이러한 수업을 준비하기 위해서는 최소 수업시간 이상의 준비시간이 필요하게 됩니다. 준비과정과 병행하다 보면 하루 최소 12시간 이상 영어만 학습하고, 영어만 사용하는 환경을 가질 수 있게 됩니다. 초반 어학연수 컨셉에는 가장 적절하며 가장 효과적인 방법이라 할 수 있습니다.

학습과 수업에 시간을 집중하는 이러한 특징으로 인해서 필리핀과 인도 어학연수를 '몰

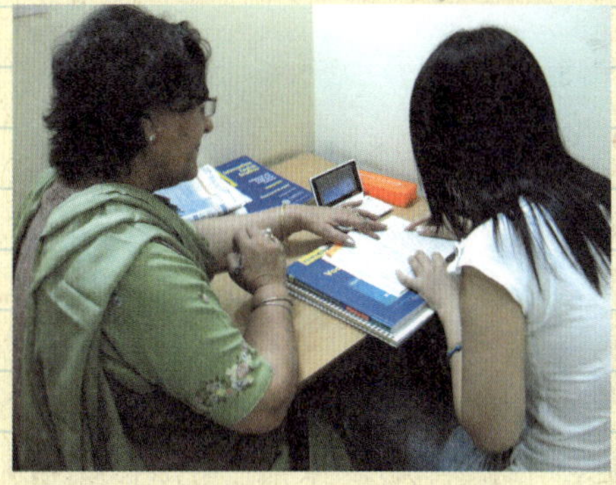

입형' 어학연수라 부르기도 합니다. 어학연수의 본질적 목적 중 24시간 영어 '학습'에 보다 의미가 부여되는 초반 기간의 가장 건전한 형태의 어학연수라 할 수 있습니다.

어학연수를 마냥 영어 사용하는 국가에 가면 저절로 영어가 되는 것처럼 생각하는 것은 대상에 대한 지적수준이 매우 낮고, 왜곡되어 있는 경우라 하겠습니다. 그러한 지식수준으로는 성공적인 어학연수를 기대하는 것은 참으로 요원한 일이기도 합니다.

한 대상에서 모든 것을 얻을 수는 없습니다. 어학연수도 마찬가지입니다. 전체 어학연수의 흐름 속에서 시기별로 요구되어지는 생활 컨셉에 대해서 잘 이해하는 것이 중요하며, 그에 맞는 형식적 선택을 잘 하는 것이 중요합니다.
필리핀과 인도 어학연수는 그 자체로 모든 것을 얻을 수 있는 어학연수 국가는 아니지만, 전체 흐름 속에서 초반 어학연수 시기에 가장 적절한 형식적 선택이라고 할 수 있습니다.

그럼, 필리핀과 인도 어학연수의 보다 세부적인 장점 사항들에 대해서 체크해 보도록 하겠습니다.

4 1:1 수업

1:1 수업은 선생님과 단둘이 수업하는 형태를 말합니다. 한국에서 중고등학생들이 과외를 하는 형태를 생각해 보면 됩니다. 고액 과외가 사회문제가 되고 있듯이, 과외는 일반적으로 매우 비싼 수업료를 지불하고 받는 수업의 형태입니다. 이렇듯 비싼 수업료를 내며 과외를 시키는 것은 분명 효과면에서 단체수업에 비해 비교우위가 있기 때문일 것입니다. 이러한 1:1 영어수업을 필리핀과 인도에서는 하루 평균 6시간 정도의 정규수업 중 2~4시간 정도를 배정하고 있습니다.

1:1 수업의 장점으로 다음과 같은 것들을 들 수 있습니다.

●1:1 수업은 학생의 레벨에 정확히 맞춘 수업을 할 수 있다.

일반적으로 단체로 진행되는 서구권 어학연수 수업에서는 한 반에 15명 정도의 학생이 학업을 하게 됩니다. 물론 그러한 형태의 수업에서도 레벨테스트는 선행이 됩니다. 하지만, 아무리 정확한 레벨테스트를 한다고 하더라도 그 안에는 또 다시 다양한 레벨의 층이 존재하게 됩니다.

우리가 흔히 영어학원을 다니면서 경험을 하게 되는데, 몇 명의 앞선 사람들이 수업을 주도하게 되고, 뒤떨어지는 학생들은 발언기회조차 가지지 못하는 경우도 많습니다. 그렇게 된다면 앞선 몇 명의 사람들도 다른 사람의 눈치가 보일 수도 있고, 뒤 떨어진 사람들은 여러 상황에 몹시 불만감을 가지게 될 수도 있습니다.

하지만, 1:1 수업에서는 한명의 학생을 대상으로 수업을 진행하기 때문에 그러한 문제가 발생할 일이 없습니다. 또한 가장 정확하고, 가장 솔직하게 학생의 실력을 파악해서 그것에 맞춘 수업을 진행할 수 있습니다.

영어를 비교적 잘하는 사람과 못하는 사람에게 똑같이 소중한 시간을 허비하지 않고 학업에 임할 수 있게 하는 것입니다.

●● 1:1 수업은 실수에 대해서 창피할 필요가 없다.

많은 한국학생의 경우, 특히 영어수준이 낮은 학생의 경우에는 수업시간에 다른 사람들을 의식하면서 영어사용의 기회를 포기하는 경우가 많습니다. 못하는 영어에 대해서 창피함을 느끼기 때문입니다.

하지만, 1:1 수업에서는 그러한 괜한 걱정으로 인해 영어사용의 기회를 잃지 않아도 됩니다. 다른 학생들 없이 강사하고만 수업을 하기 때문이며, 선생님 앞에서 부끄러울 것은 없기 때문입니다. 또한 그때 그때의 실수에 대해서 지적과 교정을 받을 수 있으니, 좀 더 정확한 표현을 빨리 익힐 수 있게 됩니다.

●● 1:1 수업은 보다 많은 발화기회를 확보할 수 있다.

흔히 영어공부에 있어서 높은 성취를 한 분들이 자주 하는 말로써 "영어는 자기가 말한 만큼 실력이 늘어난다" 는 말이 있습니다. 그만큼 많은 말을 하라는 애기일 것입니다. 실제로 영어공부를 하다 보면 그러한 말이 맞는다는 것을 쉽게 경험할 수 있습니다.

만일 10명이 4시간의 수업을 한다고 가정해 볼 경우, 산술적으로 따져도 절반은 강사의 발언 시간이라고 하면 한 사람이 말할 수 있는 시간은 12분이 채 되지가 않을 것입니다. 하지만, 1:1 수업의 경우라면 산술적으로 따져서 2시간은 자신이 발언할 기회를 가질 수 있습니다.

이러한 이유 때문에, 필리핀이나 인도 어학연수를 다녀온 분들은 한결같이 이들 나라가 "Speaking 실력을 늘이기에는 최고의 장소이다."라는 평가를 많이 합니다.

위와 같은 사항으로 우리는 1:1 수업이 여러 형태의 수업형태 중에 가장 이상적인 형태란 것을 알 수 있습니다. 이는 다른 서구권 국가에서도 마찬가지인데, 많은 서구권 연수 기관에서도 1:1 수업을 제공하고 있으며, 또 많은 학생들이 별도로 1:1 튜터를 구해서 수업을 시도해 보기도 합니다.

그런데, 서구권 국가에서의 1:1 수업의 수업료는 필리핀과 인도에 비해서는 5~10배 정도 높은 수준입니다. 따라서 부담 없이 매일매일 많은 시간 신청할 수 있는 상황은 아닙니다. 또한 강사들의 축적된 경험의 인프라도 상당한 차이가 있다고 할 수 있습니다.

하지만, 1:1 수업이 이러한 장점이 많기 때문에 마치 1:1 수업에 참여만 하면 영어실력이 급속히 향상되리라 기대를 하는 것은 금물입니다.

몇 가지 지켜야 할 사항과 유의해야 할 사항들도 있습니다.

아무리 1:1 수업을 하더라도 자신이 수업에 대한 준비를 철저히 하지 않는다면 수업효과는 기대에 훨씬 미치지 못하게 되며, 1:1 이라는 이유로 수업의 진도가 오히려 더 나가기 힘들게 되는 경우도 많습니다.

수업에 준비가 없으니, 그냥 일상적인 대화로 수업시간을 채우게 되는 경우도 있습니다. 일상적 대화 또한 또한 영어를 사용하는 것이라고 나름 의미부여를 하는 분들도 있겠지만, 낮은 영어수준에서 단순한 문장의 반복으로는 시간이 지나도 실력향상이 느끼기가 상당히 힘들게 됩니다.

또한 1:1 수업은 혼자 수업에 참여하기 때문에 자신의 실력을 남과 비교 할 수가 없다는 것도 단점입니다. 발전에 있어서 반드시 필요한 경쟁의식 같은 것들을 갖기가 쉽지 않기 때문에 1:1 수업은 단체 수업과 함께 병행해서 구성을 하는 것이 효과적이라 할 수 있습니다.

5 편안한 심리적 환경

언어학습을 하는데 있어서 편안한 언어관계를 갖는 것은 매우 중요한 일이 되며, 특히 초보연수생들에게는 더욱 더 그렇습니다.

예전 어떤 학생이 미국에서 햄버거 가게 한번 갔다가 마음에 상처를 받아서 일주일을 영어 한마디 없이 집에서만 있었다는 이야기를 들은 적이 있습니다. 햄버거 주문이야 세트메뉴를 숫자로 일련화 해 놓았기 때문에 매우 쉽게 주문할 수 있습니다. 예를 들면 1번 세트메뉴를 시킬 경우, "넘버 원, 플리즈." 하면 되는 것입니다.

그런데 문제는 그 다음에 발생 했습니다. 먹고 갈 것인가 포장해 갈 것인가라는 것을 "Here or to go?" 라고 묻게 되는데 미국에서는 보통 "히리고?"라고 짧게 발음하는 경우가 많습니다. 이 말을 알아듣지 못한 이 학생은 바쁜 패스트푸드점 상황에 주눅 들어 그냥 무작정 긍정적인 대답을 해야겠다고 생각하고 "Yes" 라고 대답을 했습니다. 그러자 주변 사람들은 모두 그 학생으로 의아한 시선이 모아지게 되었고, 남미계열의 점원은 큰 소리로 "What?~" 이라며, 그 학생에게 면박을 주었다고 합니다.

이로 인해 그 학생은 초기 미국생활에 주눅이 들었고 영어사용을 하는데 있어서 거부감이 더 강하게 들게 되었다고 합니다.

이런 표현을 한다는 것 자체가 매우 거북스럽긴 하지만, 세계적인 인간관계에는 나름의 서열적 관계의식이 있는 것을 가끔 느끼게 됩니다. 현대문명을 주도하고 있는 서구 선진국가에서 아시안들에 대한 친절함이 떨어지는 경우가 많고, 우리 또한 약간씩은 잠재적으로 주눅 들어 있는 경우도 보게 됩니다. 그런 곳에서 영어를 못한다고 "아! 어학연수생이셨군요." 라고 이해 받기보다는 '왜 이곳에서 생활하면서 영어도 못해?' 라는 못

마땅한 눈초리를 느낄 때가 많습니다. 그런데 이러한 심리적 환경은 초보 연수생들에게
는 매우 부정적인 학습환경이 될 가능성이 높아지게 됩니다.

이에 반해 필리핀이나 인도는 이러한 언어관계의 심리적 측면에서 장점을 갖게 되는 곳
입니다. 내가 영어를 못한다고 주눅들 일이 없고, 오히려 내 영어에 친절한 경청을 해
주는 언어관계를 갖게 되기 때문입니다. 그러한 언어적 관계에서는 초보자들도 씩씩하
게 영어사용을 하게 되고, 언어실력은 역시나 그러한 수많은 시도 속에서 훨씬 빨리 향
상되게 됩니다.

편안한 심리적 언어관계는 이들 국가가 어학연수지로써 갖게 되는 장점 중 매우 중
요한 장점이라 할 수 있습니다.

6 학습에만 투자할 수 있는 기숙환경

앞서서 필리핀과 인도의 24시간 영어 '학습' 을 위한 연수환경의 장점에 대해서 설명 드린 적이 있습니다. 이러한 환경에 있어서 중요한 요소 중 하나가 바로 기숙식 연수기관 이라는 것에 있습니다.

필리핀과 인도의 학원은 대부분 학원과 기숙사 일체형으로 이뤄져 있으며, 이는 연수생들이 영어학습에만 모든 시간과 에너지를 몰입할 수 있는 환경을 제공합니다.

기숙형으로 통학의 시간소요가 필요치 않으며, 식사도 모두 제공되어 별도의 먹고 자는 일에 대해서 고민과 시간을 쏟을 일이 없습니다. 또한 세탁, 청소 등 까지 제공을 하고 있기에 연수생 입장에서는 학업에만 신경을 쏟아 부을 수 있게 됩니다.

서구 연수환경을 두루 다녀보며 학생들 인터뷰를 했을 때, 숙소문제, 먹는 문제 등으로 고심하고 시간을 보내는 학생들이 상당히 많은 것에 놀란 적이 있습니다. '한달 동안 살 집을 알아보고 있어요.', '식사 챙겨 먹는 것이 일이네요.' 라는 학생들도 많았습니다.

실제 사람의 생활이란 어느 곳을 가나 먹는 것, 자는 것이 참 큰 비중을 차지한다 할 수 있습니다. 필리핀과 인도에서는 바로 기숙식 학원과 식사, 세탁, 청소 등을 모두 해 주고, 어떤 요구사항이 있을 때 바로바로 해결을 해 주는 친절한 컨셉으로 운영되고 있어서 그러한 걱정 없이 학업에만 몰입할 수 있습니다.

바로 이 부분 또한 24시간 영어 '학습' 을 위한 필리핀과 인도 어학연수의 큰 장점 중 하나라 할 수 있습니다.

7 한국음식 먹으면서 연수하는 것

앞서 말씀드린 기숙학원 컨셉인 필리핀과 인도에서는 하루 2~3식은 한국음식이 제공되고 있는데, 이 또한 연수환경에서 큰 장점이 되고 있습니다. 곳에 따라 아침은 빵, 콘프레이크, 우유, 쥬스 등의 컨티넨탈 식으로 제공되고 있습니다.

한국음식 먹으면서 어학연수를 한다는 것이 무엇 그리 대단한 일이냐고 여기시는 분들이 많으실 것입니다. 하지만, 한국음식을 먹지 못하는 환경으로 어학연수를 가게 되면 이것이 얼마나 소중하고 큰 의미가 있는 일인지 뼈저리게 체험을 하게 됩니다.

서구문명이 물밀듯 밀려오면서 입는 것, 자는 것 등등 문화의 많은 부분이 변화해 왔지만, 먹는 것 만큼은 거의 변하지를 않고 있듯이 문화의 가장 보수적인 부분이 바로 음식문화라 할 수 있습니다. 물론 빵과 스파게티 등을 좋아하는 분들도 있지만 때때로 간식으로써일뿐 대부분의 한국인들은 김치와 매콤한 찌개가 없이는 몇 일을 버티기 힘든 경우가 많습니다.

따라서 어학연수생들이 가장 많이 이야기 하는 연수생활의 힘든 부분이 바로 이 음식에 관한 것이라 할 수 있습니다. 버터 바른 감자에 핏물 주루룩 흐르는 양고기 썰어서 식사를 하려다 보면 심히 더부룩하고 생활에 활력을 얻기 힘들게 됩니다.

그런 이유로 서구적 연수환경에서 많은 한국학생들이 바로 이 음식 때문에 서로 어울리는 경우가 많습니다. 자취하는 학생집에 모여서 삼겹살에 김치에 라면 등등, 음식문화로 인해 어학연수 생활에 그다지 건전하지 못한 한국학생 회합을 자주 갖게 되기도 합니다.

그런데 필리핀과 인도에서는 한국음식을 먹으면서 어학연수를 하게 됩니다. 김치도 매끼니 제공이 되고, 한국에서와 거의 흡사한 식단으로 음식을 제공받습니다.

보통 어학연수 첫 국가로 가는 나라가 필리핀이나 인도여서 그 곳에서는 한국음식 먹는 것에 대해서 당연시 여기고 그 장점을 깨닫지 못하지만, 막상 서구권으로 가게 되면 그 생활이 얼마나 환상적인 생활이었는지 금세 그리워하게 되는 것입니다.

음식은 체력과 활력을 유지하는데 매우 중요한 요소입니다.

한국음식을 먹으면서 어학연수를 할 수 있는 곳, 그곳이 바로 필리핀과 인도이며, 이들 나라에서의 어학연수의 큰 장점 중의 하나라 꼽을 수 있겠습니다.

8 저렴한 비용

일반적으로 서구 국가에서의 어학연수 한 달 비용으로는 수업, 숙식, 용돈을 합하여 국가에 따라서 월 200~400 만원 정도 소요되고 있습니다. 환율이 올라가는 시기에는 미국의 경우 월 400~500 만원이 소요되는 경우도 많이 보게 됩니다.

그런 경우 어학연수 상담을 해 주는 입장에서도 굳이 그 정도의 비용을 들이면서 어학연수를 해야만 하는가 라는 강한 회의감을 품게 되기도 합니다.

물론 학위과정이라면 햄버거를 반쪽으로 나누어 끼니를 해결하더라도 비싼 비용을 감당해야 할 테지만, 과연 언어과정만을 위해서 그 비싼 비용을 들여야 하는가 라는 고민을 해 보면 부정적인 생각이 들지 않을 수 없게 됩니다.

이에 반해 필리핀이나 인도는 수업, 숙식, 용돈을 합하여 월 120 만원 위아래 정도의 비용으로 가능합니다. 비용자체도 저렴하지만, 1:1 수업이 포함되어 있고, 기숙사에서 세탁, 청소 등의 서비스까지 제공된다는 것을 감안하면 더욱더 저렴한 비용이라 할 수 있습니다.

물론 어학연수는 언어능력을 향상시키는 것이 목적이지 연수비용 자체가 저렴한 것이 목적이 될 수는 없습니다. 따라서 필리핀이나 인도에서의 어학연수가 비용만 저렴할 뿐, 언어실력 향상에 부정적이라면 고려할 필요조차 없겠지만, 비용은 저렴하되 효과는 서구권 보다 높기 때문에 그만큼 더욱 더 투자대비 효율성이 높은 선택할 만한 어학연수라 할 수 있습니다.

어학연수는 다른 어떤 개념보다도 내 자신에 대한 투자개념이 가장 본질적입니다. 일차적으로는 취업이 되며, 사회생활에 있어서의 더 넓은 선택범위, 더 높은 사회적 지위, 경제적 능력을 획득하기 위한 자신에 대한 투자인 것입니다.

투자에 있어서 ROI(투자대 수익률)을 높이는 것이 매우 중요하고, 수익자체를 크게 얻는 것도 매우 중요한 일일 것입니다. 바로 어학연수에 있어서 이러한 ROI 를 가장 높게 얻을 수 있는 최선의 투자대상이 바로 필리핀, 인도 어학연수가 되며, 수익자체의 크기 또한 다른 어학연수에 비해서 훨씬 크게 얻을 수 있는 곳이 바로 필리핀, 인도 어학연수가 되리라 확신합니다.

또한 저렴한 비용은 그만큼 심리적으로도 부담 없는 언어학습이 가능하게 해 주는 효과도 있습니다. 언어는 일정기간의 학습 이후에는 문화의 작은 개념으로써 적극적으로 언어체험을 즐겨야 하는데, 중압감 등은 한국학생들의 실패되는 어학연수의 주요 요인이 되고 있습니다. 중압갑에 여러 요인이 있겠지만, 한국인 특유의 효도심으로 인해서, 자신의 연수에 부모님이 지나친 비용을 투자하고 있다는 부담감도 한몫을 하고 있습니다. 필리핀, 인도 어학연수는 저렴한 비용으로 그러한 언어학습의 장애물을 제거해 주는 장점도 있습니다.

9 가장 중요한 건 '자신감'

지금까지 필리핀, 인도 어학연수의 여러 장점에 대해서 의미부여를
해 보았습니다. 이러한 장점으로 인해 성취할 수 있는 언어학습의 효
과들이 많겠지만, 그 중에서 가장 중요하게 꼽을 수 있는 것은 바로 '자신감'이라고 할
수 있습니다. '아! 이제 어떤 상황에서도 영어로 대화를 나누는 것은 가능하겠구나! 영
어란 그리 멀리 외따로 떨어져 존재하는 것은 아니었구나!' 하는 심리라 할 수 있습니
다. 바로 앞서 살펴본 언어실력향상의 변곡점까지의 기간을 상당히 줄이면서 짧은 시간
안에 성취를 이루게 된 것입니다.

물론, 자신감이란 유창한 수준의 영어능력을 말하는 것은 아닙니다. 여전히 서툴겠지만
어떤 상황에서도 영어로 커뮤니케이션은 가능하겠구나 하는 수준의 자신감을 의미합니
다. 이러한 자신감을 획득하는 것은 매우 중요한 일인데, 이 시점을 지나야만 어학연수
의 본질적인 목적환경이 되는 24시간 영어 '사용'하는 환경을 이용해 낼 능력이 생기게
되기 때문입니다.

보통 평균 수준의 연수생이 서구권 국가에서 연수를
시작하여 언어에 대한 자신감을 갖으려면 성실히 학
업하며 언어적 잠복기를 잘 버텨 6개월 정도의 시간
이 흘러야 가능합니다. 이에 반해 필리핀이나 인도에
서는 절반 이내의 시간으로도 동일한 성취를 올릴 수
가 있습니다.
이유는 이제까지 설명 드렸던 초반 영어학습의 컨셉
과 그것에 대한 필리핀, 인도어학연수가 갖고 있는

장점에 기인한다 하겠습니다.

인생을 살면서 비단 언어성취 문제 뿐만 아니라, 모든 부분에서 자신감이 성공의 가장 중요한 요소가 된다는 것을 두루 실감하게 됩니다. 허무맹랑한 현실인식만 아니라면 자신감은 그 무엇보다도 발전의 가장 큰 동력이 되기 때문입니다.

어학연수에서도 마찬가지입니다. 가장 중요한 것은 바로 자신감의 성취가 되는 것입니다. 그래야만 무용한 고민과 실의에 시간을 날려 버리지 않게 되며, 그래야만 언어학습의 가장 중요한 자세인 많은 대화의 기회에 본인을 동참시킬 수 있게 됩니다.

성공연수의 본질은 어느 나라, 어떤 환경에서 어학연수를 하는 것에 있지 않습니다. 세련된 지역, 세련된 교육기관에서 연수를 한다 하더라도 언어능력의 성취가 받침이 되지 않는다면, 어학연수는 발전이 아니라, 또 다른 컴플렉스만 가져오는 것밖에 되지 못합니다.

성공연수는 자신감을 빨리 성취하고 그를 기반으로 다양한 언어사용의 기회를 접하고 경험하고 익히고 오는 것이라 할 수 있습니다.

필리핀과 인도 어학연수는 어학연수의 가장 중요한 본질인 자신감을 보다 빠른 시간 안에 획득할 수 있다는 측면에서 바로 "어학연수의 실사구시(實事求是)"라 할 수 있겠습니다.

10 조기 영어교육에 활용하기

한국은 전세계적으로 어느 연수 대상국가를 막론하고 성인 어학연수생을 가장 많이 보내는 나라입니다. 어느 서구영어권 국가이던 한국학생은 어학연수생 비율에서 1위를 차지합니다. 그런데 조기 어학연수생은 성인 연수생보다도 타국가에 비해서 압도적으로 많은 인원을 내보내고 있습니다. 실로 교육 엑소더스라 할 수 있는 현실입니다.

대부분은 영어의 필요성에 기인하겠지만, '옆집이 하면 우리도 한다' 라는 식의 사교육 열풍 같은 과열된 측면도 없지 않습니다. 이 같은 사회적 열풍은 글로벌 인적자원을 양성한다는 측면에서는 긍정적이겠으나, 중산층 소득의 30% 이상이 사교육에 쓰이는 타국가에서는 전례를 찾아볼 수 없는 왜곡된 소비구조를 만들어 왔으며, 그 중 많은 부분이 해외에서 사용되고 있다는것은 국가경제에 매우 큰 짐을 지워오고 있습니다. 경제적 부담과 더불어 '기러기 아빠' 라는 가족의 해체현상과 그로 인해 잃게 되는 가족구성원들의 행복지수를 고려하면 폐해도 상당히 크다 할 수 있습니다.

이때 고려해 볼 수 있는 것이 바로 필리핀에서의 영어조기교육이라 할 수 있습니다. 영어교육은 필요하고, 그렇다고 막대한 비용 부담과 가족해체까지 고려하고 싶지 않을 때 필리핀 조기 영어교육은 그 대안으로써 훌륭히 자리매김을 할 수 있을 듯 합니다.

예전에 초등학생 10여명 규모를 이끌고 필리핀에 단기 몰입형 어학연수를 간적이 있습니다. 많은 부모님들이 필리핀이라는 환경에 반신반의하는 분위기였는데, 이 학생들을 한 달간 필리핀에서 몰입형으로 영어연수를 한 결과는 놀라웠습니다.

대부분 한국에서 주요 영어 학원을 다니고 있었는데, 일 년을 노력해서 성취할 수 있는 수준을 단 한 달만에 이룩한 학생들이 많았기 때문입니다. 평균적으로 5~8단계 이상의 레벨상승을 올린 것으로 기억이 됩니다.

이러한 성과는 미국, 캐나다 등 다른 서구권 국가에서는 기대하기 어려운 성과인데, 바로 필리핀에서만 가능한 몰입형 연수로 인한 결과라 할 수 있습니다. 오전 7시 기상부터 11시 취침 때까지 영어학업과 영어수업, 그리고 영어로 가능한 액티비티 활동만을 병행한 결과라 할 수 있습니다. 또한 초중학생들이다 보니 생활도 챙겨주어야 하고 보다 많은 영어접촉의 기회를 위해서 학생 2-3인과 강사 1인이 함께 방을 사용하게 하였는데, 이 또한 24시간 영어하는 기회를 제공해 주어 학업에 큰 도움을 주게 되었습니다.

필리핀이지만 조기 영어연수의 경우는 강사와 함께 생활해야 하는 등의 보살핌이 더 소요되기에 비용은 성인연수보다는 비싼 월 200여만원 이상의 수준이 됩니다.

하지만, 이러한 필리핀 몰입형 연수와 동일한 서비스나 학생케어 등은 서구권에서는 구조적으로 제공자체가 불가능한 사항이 되며, 그냥 수업, 숙식만 하는 일반연수라 하더라도 서구권에서는 배 이상의 비용이 소요된다 할 수 있습니다.

필리핀만이 제공 가능한 환경이며, 비용에 있어서도 장점을 갖고 있습니다.

이러한 몰입형 어학연수를 방학이나 방학과 연결된 가능한 휴학 기간과 함께 연결하여 몇 번을 반복 보낸다면 영어자체의 능력에 있어서 다른 어떤 서구권 어학연수에 비해서도 큰 효과를 올리고 있음을 여러 경우를 통해서 지켜봐 오고 있습니다.

서구권에 비해서 비용도 덜 들이고, 또한 기러기 아빠 같은 생활도 할 필요가 없어지는 것입니다.

이러한 조기 교육을 통해서 한국에서 보다 나은 환경의 진학을 시도해 볼 수도 있고, 아이의 언어적 능력이 받쳐준다면 이후에 얼마든지 유학을 진지하게 고려해 볼 수도 있습니다. 무턱대고 아이가 적응을 제대로 못 할지도 모를 서구권으로의 어학연수나 진학을 보내는것은 안정적인 시도가 될 수는 없습니다.

물론 필리핀에서 광고되는 모든 초중등 영어연수가 만족스러운 서비스를 제공하고 있지는 못하고 있습니다. 따라서 프로그램 선정에는 매우 유의를 기울여야 하겠지만, 잘 검증된 몰입형 연수를 하게 된다면 자녀들의 영어학습 향상에 큰 성취를 기대할 수 있으리라 생각됩니다.

또한 필리핀은 한국과 4시간 이내의 거리로 매우 가까운 나라라 할 수 있습니다. 항공료도 비교적 저렴하며, 자녀방문을 위해서 다녀오기에도 다른 나라에 비해서 용이하다 할 수 있습니다.

11 한국형 어학연수의 글로벌 스탠다드

필리핀이나 인도 어학연수는 많은 한국학생들의 연수경험의 과정과 결과로써 형성되어온, 한국인들에 의해서 만들어져 온 어학연수 환경이라 할 수 있습니다.
어학연수의 성과가 있었고, 성과가 있으니 추천하고, 많은 분들이 연수를 가게 되고, 그러다 보니 많은 한국분들이 어학연수 기관을 만들어 온 그러한 과정이었다 할 수 있습니다.

그런데 이러한 한국형 어학연수인 필리핀, 인도어학연수가 이제는 어학연수의 글로벌 스탠다드로 서서히 자리매김을 해 가고 있습니다.
한국사람에 의해서 만들어져 오고 운영되고 있는 어학연수 환경이지만, 이제는 한국학생 뿐만이 아니라, 많은 일본학생들이 연수를 오고 있습니다. 아직 다수는 아니지만, 브라질, 러시아, 스페인 등 동양인들보다 언어성취가 빠른 유럽어 문명권에서도 어학연수를 오고 있습니다. 이런 현상은 필리핀, 인도 어학연수가 그만큼 언어실력향상에 있어서 성과를 보이고 있다는 것을 보여주는 가장 확실한 증거라 할 수 있습니다.

간혹 미국이나 호주 등에서 한국형 입시학원이나 과외가 유행하고 있다는 기사를 보기
도 합니다. 그 자체로 좋다 나쁘다 가치판단은 못하겠지만, 단기적으로 어떤 성취를 보
는 방법이나 과정에 있어서는 역시나 '한국적인 것이 세계적인 것이다' 라는 생각을 갖
게 하는 듯 합니다. 미국의 오바마 대통령도 교육에 있어서 한국의 긍정적인 예를 많이
들고 있기도 합니다.

어학연수에 있어서 단기간에 자신감을 획득하는 방법이나 과정은 역시 한국형 어학연
수인 필리핀, 인도 어학연수가 단연 앞서가는 방식이라고 말씀드릴 수 있습니다. 이는
심리적 확신만으로 드리는 말씀이 아니라 수많은 학생들을 지도해 오면서 통계 등의 과
학적 관찰의 결과이며, 실증드릴 수 있는 사항이라고 확신있게 말씀드릴 수 있습니다.

또한 필리핀, 인도 어학연수 기관이 대부분 한국자본, 한국사람에 의해서 운영되고 있
는 것에는 또 다른 장점이 있습니다. 서구 영어권처럼 어학연수를 가서 그 돈이 대부분
그 나라로 흘러 들어가는 것이 아니라, 다시 한국자본에 의한 연수기관에 회귀되기 때
문에 어학연수로 인한 외화유출도 최소화 시킬 수 있는 방법이 됩니다.

외화유출의 최소화라는 관점에서 애국하는 어학연수가 될 수 있다는 관점도 가져 볼 수 있습니다.

한국형 어학연수의 글로벌 스탠다드가 되어가고 있는 필리핀, 인도어학연수, 이제는 정확한 사실과 제대로 된 의미부여에 근거하지 않는 막연한 불신과 회의보다는 정확한 지식과 의미부여를 통한 적극적인 선택이 더욱 광범위하게 필요하다 할 수 있겠습니다.

막연한 투자로 외화만 낭비하고 새로운 도전에서 또 다른 좌절감만 가져오는 어학연수가 아니라, 가장 저렴하면서 효과적인 투자로 언어에 있어서 가장 빠른 시간 안에 자신감이라는 기반을 만들어 올 수 있기 때문입니다.

2 필리핀·인도 어학연수 & 서구권 연계연수 자세히 알아보기

●● 필리핀·인도 어학연수의 한계
●● 서구권 어학연수와 비교하기
●● 서구권 연계어학연수 장점과 패턴들
●● 연계연수는 혼란스러울까?
●● 전체 어학연수에서 포지셔닝하기
●● 서구권 가서 최고레벨 들어가기
●● 발음문제
●● 적절한 연수기간은?
●● 얼마나 향상되나?
●● 연수형태와 연수기관들
●● 다른 아시아 국가(싱가폴, 말레이시아)와 비교하기
●● 한국에서 1:1수업을 하는게 낫지 않을까?
●● 초보자에게만 유리한가?
●● 취업에도 더 유리
●● 안전문제
●● 연수비용

필리핀, 인도 어학연수의 한계

앞장에서 필리핀, 인도 어학연수의 장점에 해당될 수 있는 부분에 대해서 살펴보았습니다. 장점에 대한 언급만 하는 것은 자칫 하나의 대상에 관하여 환상이나 필요이상의 기대를 갖게 하기도 합니다. 이는 자칫 정보와 현실사이의 괴리감을 만들어 불만과 불평으로 실패하는 어학연수를 만들 수도 있습니다.

세상 만물에 다 통용되는 일이겠지만, 한 대상에게서 모든 것을 얻을 수는 없습니다. 정확한 지식과 정보로 최적의 위치선정(Positioning)을 하는 것이 성공적인 결과를 얻는데 매우 중요한 일이 됩니다.

여기에서는 필리핀, 인도 어학연수가 가질 수 있는 단점이나 한계에 대해서 알아볼 수 있도록 하겠습니다. 이러한 부분에 대한 명확한 인식을 갖고, 필리핀과 인도 어학연수에 대해서 얻을 수 있는 부분과 그렇지 못한 부분에 대하여 현실적인 접근을 함으로써 성공적인 어학연수에도 도움이 되리라 생각됩니다.

●● 필리핀, 인도는 생활환경이 열악하다.

필리핀은 60년대까지는 경제수준이 아시아 최고 수준이었다고 합니다. 당시 한국의 미국대사관 건물이나 장충체육관 등은 필리핀 기업에서 건설을 했다고 합니다. 인도는 IT분야의 세계적 리더로서 중국, 러시아, 브라질과 더불어 브릭스(BRICs)의 일원으로 고성장 국가로서의 비전을 갖고 있는 나라입니다.

하지만, 현재 필리핀은 아시아 국가 중에서도 여러 면에서 후진적인 수준에 머물러 있고, 인도 또한 평균적인 생활수준은 열악하다 할 수 있습니다. 교통, 도로, 전기, 수도 등 전반적인 생활의 인프라는 한국과 비교했을 때 낮은 수준이라 약간의 불편함을 감수

1 인도의 쇼핑몰 2 인도 델리의 거리 3 델리의 Lodi Garden

할 수도 있습니다.

물론 필리핀의 주요 도시들의 번화가 지역들은 매우 현대적인 지역들도 많이 있고, 인도도 신도시들은 최신 건물들이 즐비하기도 합니다. 쇼핑몰 등 한국에 비해서 손색없는 곳들도 많습니다.

하지만, 전반적인 수준에 있어서는 어느 정도는 한국보다는 불편함이 있습니다. 아름다운 비치나 리조트 등의 사진만 보고 잘못 인식을 하고 가면 괴리감을 느낄 요소들도 있다고 할 수 있습니다. 또한 어느 나라나 마찬가지지만 디지털 사진으로 찍은 사진들은 실제 모습보다도 더 좋게 보이는 것이 일반적이니 브로셔 등의 사진도 그런 점을 감안해서 보시는 것이 좋습니다.

1 필리핀의 백화점 전경 2 필리핀 시티투어 3 필리핀의 대중교통

어학연수 프로그램의 구성은 세계적으로 어딜 가나 대동소이한데 처음 참여하게 되는 수업을 일반영어과정(General English)이라고 합니다. 말 그대로 일반적인 영어능력을 향상시키는 과정으로써 말하기, 읽기, 쓰기, 문법 등을 골고루 학습하게 됩니다.
이 과정에서 일정 수준이상이 되면, 국제적으로 공인받는 영어능력시험 과정인 TOEFL, IELTS, Cambridge, TOEIC 과정 등에 참여하게 됩니다. 이후 영어능력에 전문과정을 추가로 이수하는 Business, Tesol 등등의 과정이 있습니다.

서구권 국가의 규모 있는 연수기관들은 위의 과정들을 대부분 구비하고 있는 경우가 많습니다. 따라서 한 학생이 최장 1년 정도까지 학업이 가능한 커리큘럼을 제공하고 있다고 할 수 있습니다.
이에 반해 필리핀과 인도는 일반영어과정과 여기에 덧붙혀 몇 개의 공인영어시험 과정이나 또는 몇 개의 전문과정 정도를 갖추고 있는 곳이 많습니다.

물론 필리핀과 인도는 전체 연수기간의 1/3~1/2 정도의 전반기를 학업하는 곳이니 일반영어과정에 집중하는 것이 위치선정에 맞고, 그런 관점에서는 프로그램이 다양하지 못한 것이 특별히 단점이 될 수는 없습니다.
하지만, 평균적으로 6개월을 넘어서 학업할 커리큘럼은 구비되어 있지 않다고 보심이 좋습니다.

많은 광고문구 등을 보면 필리핀과 인도가 세계에서 미국, 영국에 이어 3위권의 영어권 국가에 속한다는 내용 등을 보게 되는데 이는 필리핀이나 인도가 마치 온 국민이 영어를 사용하는 것처럼 느껴지게 하는 오류를 만들어 내기도 합니다.
물론 다양한 자국어로 인한 언어통합이 되지 않고, 식민지 유산 등으로 인해서 영어를 공용어로 사용하고 있으며, 영어능력을 갖춘 이들이 수적으로는 많은 것은 사실이지만, 모든 이들이 영어를 일상생활에서 사용하거나 하지는 않습니다.

또한 교육수준이 높지 않은 분들의 경우에는 영어사용이 가능하다 하더라도 매우 낮은 수준의 영어구사력을 갖고 있는 경우가 대부분입니다. 따라서 이 부분에 대해서는 정확한 인식이 필요하다 할 수 있습니다.

앞장에서 살펴 보았듯이 필리핀과 인도에서는 초반 연수생들에게 더 적절한 컨셉인 24시간 영어 '학습' 의 환경이 더 잘 구비되어 있어서 초기 실력향상이 빠르게 나타난다는 것과, 교육수준이 높은 영어구사력이 완벽한 이들과의 1:1 등 소규모의 집중적인 언어관계를 갖는 것에 더 의미부여를 해 주는 것이 적절합니다.

●●영어권 국가의 문화습득에 어려움이 있다.

영어권 국가에 가서 현지의 문화를 익힌다는 것은, 단순히 문화를 배우는 것이 아니라, 커뮤니케이션 능력이 훨씬 더 향상될 수 있는 것을 의미합니다.

예를 들면 다음과 같은 연구결과가 있습니다. 스위스인 중에는 독일어, 프랑스어, 이탈리아어를 사용하는 사람들이 있다고 합니다. 이들이 각각 그래도 한민족이라 해서 언어가 같은 타국가인들과의 소통이 더 원활한가 실험했더니, 놀랍게도 같은 독일어를 하는 독일인과 독일어권 스위스인의 의사소통 보다는 독일어를 하는 스위스인과 이탈리아어를 하는 스위스인 간의 의사소통이 더 빠르다는 연구결과가 있습니다.

그러니까 우리가 보통 언어라고 할 때의 그 언어가 사회적 의사소통을 보장해주는 게 아니라, 함께 살아온 경험, 상징, 문화, 이런 것들이 다 합쳐져서 사회적 의사소통이 이루어진다는 얘기입니다.

극단적인 예를 들어 우리나라에서 태어나 자라온 사람은 말을 하지 못한다 하더라도 돈만 있으면 밥을 먹고 사는 것이나, 무엇을 하는 것에 전혀 문제가 되지 않습니다. 하지만 한국에서만 나고 자라서 영어를 잘 하는 사람이 미국에 가서 생활하는 것은 굉장히 힘이 듭니다. 그 이유는 그 나라의 문화 매커니즘을 이해하지 못했기 때문입니다. 그만큼 문화의 이해는 의사소통을 위해서 필수적인 요소라 할 수 있습니다. 문화의 이해라는 것은 책을 통해서도 물론 할 수 있는 것이긴 하지만 현장에 가서 보는 것이 가장 좋은 방법입니다. 어학연수의 매우 중요한 목적 중 하나라 할 수 있습니다.

이러한 관점에서 본다면 필리핀과 인도 어학연수는 일정부분 한계가 있습니다. 현실적으로 현재 세계 주류세력인 서구 영어권 국가의 문화습득은 되지 못하기 때문입니다. 하지만, 문화습득이라는 것도 일정 정도의 언어능력이 바탕이 되어야만 가능한 것입니다. 단순히 서구권 국가로 간다고 하여 습득될 수 있는 사항은 아니며, 실제 많은 서구권 연수생들은 문화습득 이전에 단순히 언어능력 취득도 못하고 오는 경우가 많습니다.

따라서 필리핀과 인도 어학연수의 환경적인 단점도 인식하되, 실제 그것이 서구권으로 대체된다고만 하여서 해결되는 문제는 아니라는 인식도 필요합니다. 또한 초반 영어습득을 필리핀과 인도에서 빠르게 성취하고, 후반기에 서구권으로 연계하는 패턴이 더 유리합니다.

 필리핀, 인도 어학연수 꼭 성공하기 ●

2 서구권 어학연수와 비교하기

필리핀과 인도에서의 어학연수는 어학연수 초반 기간에 더 강점을 갖고, 이후 언어능력이 일정 형성된 이후의 후반에는 문화적 경험과 24시간 영어사용의 환경 등에서 서구권 국가가 더 강점을 갖게 된다고 이미 여러 장에서 말씀드렸습니다.

이렇듯 연수시기별로 강점을 나눠 갖는 필리핀, 인도 어학연수와 서구권 어학연수이니만큼 동등한 차원에서의 비교는 어려운 사항이라는 이해가 필요합니다.

다분히 도식적일 수는 있겠는데, 필리핀과 인도에서의 어학연수의 이해를 돕기 위해서 서구권 국가와 비교될 수 있는 몇 사항에 대해서 언급해 보도록 하겠습니다.

연수비용

비용적인 면에서는 필리핀과 인도의 어학연수가 훨씬 저렴한 비용입니다. 비용자체도 저렴하지만, 1:1 등 인건비 소요가 큰 수업 등이 포함되어 있다는 것을 가정하면 실액수보다도 더 저렴한 비용이라 할 수 있습니다. 일반적으로 수업, 숙식, 용돈을 포함하여 총경비 기준으로 미국이 월 300~400만원 정도의 연수비가 소요되고, 영국, 아일랜드가 월 250~350만원, 캐나다와 호주가 월 200~250만원 정도의 연수비가 소요됩니다. 동일한 기준으로 살펴볼 때 필리핀과 인도는 월 120~130만원 정도의 비용이 소요된다고 볼 수 있습니다.

한 반의 학생인원

일반적으로 서구국가 연수기관에서는 한반 인원이 15명 수준입니다. 대학부설은 그보다 많은 20명 내외도 있고, 적은 인원으로 특화된 연수기관도 한반 8명 정도입니다. 이에 반해 필리핀과 인도는 1:1 수업이 가장 기준이 되며, 이외의 수업도 소규모로 구성이 됩니다. 4명 정도의 소규모 클래스와 단체 형식으로 진행되는 수업의 경우에는 8~12명 정도가 됩니다.

서구국가의 어학연수일 경우 숙소의 대표적인 형태는 현지인 가정집인 홈스테이나 기숙사 등이 됩니다. 이때 청소, 세탁 등은 개별적으로 진행을 해야 하며, 식사는 현지식으로 제공이 됩니다. 사람에 따라 다르지만, 많은 이들의 경우 음식문제가 어학연수 생활에서 가장 힘든 문제라고 꼽는 경우가 있습니다. 이에 반해, 필리핀이나 인도에서는 주로 학원과 일체형인 기숙사에서 기거를 하게 되고 한국음식을 제공받게 됩니다. 세탁, 청소 등도 무료로 제공이 됩니다. 사실, 한국음식을 먹으면서 생활하고 세탁, 청소 등을 서비스 받는 것은 대단히 유리한 점이라고 볼 수 있습니다.

학생구성

필리핀과 인도 어학연수가 이제 한국 이외의 국가로도 널리 알려지고 있지만, 아직까지의 학생구성의 거의 대부분은 한국학생이라 할 수 있습니다. 이외 외국학생 비율 중에는 일본학생이 가장 많으며, 대만 및 아시아권 학생들, 그리고 소수지만 러시아, 브라질, 스페인 등 유럽어권 국가의 학생들을 볼 수 있습니다. 반면 서구권 국가의 경우 한국학생의 비율이 가장 높지만 30% 내외이며, 이외 일본 및 아시아권 학생들, 그리고 40~50% 정도의 유럽, 중동, 남미권 학생들로 구성이 되어 있습니다.
연수 초반 기간에는 영어수준이 낮기 때문에 같은 연수생들과의 의사소통이 영어능력을 향상시킨다는 것은 한계가 있다 할 수 있습니다. 하지만, 한국학생이 많다는 것은 그 자체로 결코 장점이 될 수는 없습니다. 연수생활의 교우관계에서 고독하고 24시간 영어 '학습' 에 몰입하는 것이 필리핀과 인도어학연수에서 성공의 중요한 포인트라 할 수 있습니다.

**문화경험,
Activity 등**

서구 영어권 국가의 문화경험의 방법들, 예를 들어 현지인 가정집에서의 홈스테이, 각종 다양한 Activity들, 각종 스포츠, 문화행사에서의 자원봉사(Volunteer) 등의 경험에서는 필리핀과 인도 어학연수에서는 일정 한계가 있습니다. 이러한 문화경험은 영어능력이 동반되어야 효과적인 경험이 가능하므로 필리핀과 인도에서 영어능력을 최대화시키고, 서구권 국가에서 적극 참여해 보는 것이 좋은 방법입니다.

3 서구권 연계어학연수 장점과 패턴들

연계연수의 개념은 필리핀과 인도가 어학연수지로써 지금처럼 성장해 오는데 가장 큰 공헌을 한 어학연수 패턴이라 할 수 있습니다. 연계연수란 영어능력의 자신감이 부족한 경우 초반기의 시기를 필리핀이나 인도에서 보내고 이후 서구권 국가로 연수를 가는 것을 말합니다.

예를 들어 네이티브와 일상적 수준의 대화에 무리가 없는 수준을 제외하고는 초급이나 중상급 지식이 있는 경우라도 전체 연수기간의 1/3~1/2 기간을 필리핀이나 인도에서 먼저 연수를 하는 것입니다. 이렇게 하면 어학연수의 주요 목적에 대한 투자대비 효율성을 높이게 되는데 주요 장점을 고려해 보면 다음과 같은 것들이 있습니다.

●● 언어실력의 효과적 향상

언어실력향상은 어학연수의 가장 주요한 목적이라 할 수 있습니다. 앞장에서 초반기간의 필리핀과 인도어학연수의 장점을 다루었는데, 서구권 국가에서 처음부터 연수를 시작하는 것보다 최소 2~3배 이상의 빠른 실력향상을 올릴 수 있습니다. 성실히만 한다면 서구권 국가로 갔을 때, 처음 연수를 와서 허덕이는 주변 친구들을 보면서 "나도 연계를 하지 않았다면, 저랬을텐데…"라는 두려움과 자연스럽게 영어로 듣고 대화하는 자신의 모습에 뿌듯함을 느낄 수 있습니다.

●● 경험적 가치의 배가효과

어학연수의 또 하나의 주요한 목적으로 글로벌 경험을 통한 경험적 가치의 향상을 들 수 있습니다. 필리핀이나 인도가 갖는 제3세계 국가의 상황과 문화를 경험하고 이후 서구 선진국 국가를 경험한다면 다양한 타문화에 대한 이해능력은 그만큼 배가 된다고 할 수 있습니다. 이제는 글로벌 경제의 심화로 인해서 예전처럼 한국의 교역대상국도 미국 등 일부 선진국에 한정되지 않고 있으며 중국, 인도, 동남아 등 제3세계권 국가가 1위 대상국이 되고 있습니다. 급속히 변화하는 글로벌 시대에 대비하여 다양한 국가경험은 글로벌 엘리트로서의 소양과 잠재력을 그만큼 높이고 취업에 대비해서도 훨씬 유리한 방식이 된다 할 수 있습니다.

●●● 비용절감 효과

어학연수는 인생의 단순한 이벤트가 아니라, 자신에게 선사 해 줄 수 있는 평생의 가장 중요한 투자라 할 수 있습니다. 따라서 반드시 성공하여 투자효율성이 높게 나타날 수 있도록 해야 합니다. 또한 가급적이면 투자비용을 최소화 시키는 것도 중요한데, 더 효과적인 생활을 하면서 비용까지 절감하는 효과를 연계연수로 가질 수 있습니다.

연계연수의 패턴에는 여러 가지가 있는데, 자신이 가고자 하는 서구권 국가와 필리핀, 인도어학연수를 하나로 묶는 것이 됩니다. 어학연수 프로그램 면에서는 필리핀/인도에서는 일반영어과정(General English) 과정을, 이후 서구권 국가에서는 TOEFL, Cambridge, IETLS 시험과정, Business, Tesol, Intern 등 전문과정을 이수하는 것으로 계획하시면 좋습니다.

연계 패턴의 예를 들면 다음과 같은 방식이 가능합니다.

필리핀/인도+미주권(미국or캐나다)

미국은 한국과 정치 , 경제 , 문화 , 안보 면에서 가장 밀접한 관계를 맺고 있으며 절대적인 영향을 받고 있는 국가입니다. 세계 모든 국가들이 영향을 받을 만큼 슈퍼파워의 국가라 할 수 있습니다. 이런 측면에서 미국을 경험하는 것은 현시대 세계경험의 가장 핵심적인 사항이 된다 할 수 있습니다.

미국연수 비용이 부담된다면 캐나다를 선택하실 수 있습니다.

캐나다는 영어스타일 면에서 한국학생들이 가장 선호하고 있는 국가이며, 가장 다양한 프로그램을 학업 할 수 있는 국가입니다. 또한 캐나다 연수 중이나 연수 이후 미국은 여행으로 경험할 수도 있습니다.

필리핀/인도 + 유럽(영국 or 아일랜드)

유럽은 경제적인 부분에서 대통합체를 이루어가고 있습니다. 세계 3대 경제권으로서의 위상을 확고히 하고 있으며, 최근 한국의 해외투자에서도 EU가 2위를 차지할 정도로 경제적 밀접도도 가까워지고 있습니다. 영국, 아일랜드에서는 아르바이트가 가능하므로 필리핀/인도에서 영어를 잘 익히게 되면 이곳에서는 아르바이트를 병행하면서 비용을 많이 줄일 수 있습니다.

필리핀/인도 + 대양주(호주 or 뉴질랜드)

대양주의 국가들은 국제비즈니스 권역에서 우리와 같은 아시아 비즈니스권에 속하는 국가들입니다. 따라서 글로벌 경제활동을 한다면 많은 대양주 사람들과 같은 기업 안에서 동료를 형성할 수도 있을 것입니다. 대양주 국가들에 관한 경험은 이러한 측면에서 미래에 대한 효과적인 준비가 될 수 있습니다. 호주, 뉴질랜드의 경우 워킹홀리데이 비자를 미리 준비해 둔다면 가장 저렴하면서도 효과적인 어학연수를 할 수 있습니다. 필리핀과 인도에서 영어를 잘 익히게 된다면 호주나 뉴질랜드에서 워킹홀리데이 비자로 고급아르바이트를 하면서도 효과적인 어학연수가 가능하기 때문입니다.

연계연수의 준비는 한국에서 미리 모든 여정에 대한 준비를 마쳐야 합니다. 그렇지 않으면 필리핀이나 인도에서 학업을 할 시간에 이후 국가에 대한 고민으로 또 시간을 허비할 가능성이 높습니다. 또한 대부분 항공연결이 필리핀이나 인도에서 학업 후 한국에 돌아오지 않고 직접 출발하는 것으로 가능하기 때문에 서구권 국가의 비자준비도 미리 해 두어야 하기 때문입니다. 직접 항공여정이 되지 않는 국가나 짐 준비가 다른 국가는 한국에 잠시 2~3일 귀국하였다가 바로 출발할 수 있습니다.

4 연계연수는 혼란스러울까?

연계연수를 권하다 보면 듣게 되는 부정적인 질문 중의 하나가 "나라를 바꾸다 보면 적응하는 시간만 더 허비하게 되는 것이 아닐까요?" 라는 것입니다.
답변을 먼저 드리면, "그렇지 않고, 오히려 적응하는데 더 장점이 있다"는 것입니다.

일단 첫 번째 국가에 대해서 말씀을 드리면, 필리핀이나 인도는 실제 적응이라는 개념이 특별히 필요치 않은 국가라 할 수 있습니다. 해외생활에서의 적응이 단순히 집 떠나는 측면에서의 적응이 아니라, 음식문제, 문화문제, 시차문제 등으로 인한 적응이라고 본다면 별다른 적응문제가 발생치 않기 때문입니다.
음식은 한국음식을 먹으면서 생활할 수 있고, 문화문제는 이들 나라의 연수컨셉이 기숙형으로써 한국인 스탭들의 친절한 안내를 받을 수 있습니다. 시차라면 필리핀은 1시간 차이로 한국과는 거의 같은 시간대이며 인도는 3시간 30분 차이로 시차적응 문제가 발생할 만한 차이가 아닙니다.
오히려 어느 곳을 가던 일주일 내지 한 달을 적응의 기간이라며 스스로의 성실치 못함을 변호한다면 이는 실패자들의 변명이라 평가할 수밖에 없습니다.

이후 서구권으로의 연계시에는 오히려 필리핀이나 인도에서의 선연수가 적응에 훨씬 도움이 되게 됩니다.
일단 언어적 자신감을 성취한 단계이기 때문에 이 자체로만으로도 결정적인 도움이 되는 사항이라 말씀드릴 수 있습니다. 또한 필리핀이나 인도도 여하간의 우리와는 다른 문화권이고, 다른 문화권에서 한번 생활을 해 본 경험은 이후 또 다른 문화권에서의 적응기간도 훨씬 단축을 시켜주게 됩니다.
오히려 처음부터 서구권을 가는 것보다 더 유리한 측면이 많다고 할 수 있습니다.

단, 연계연수시 혼동을 겪게 되는 점 한가지를 짚어드리면 처음 필리핀이나 인도에서
너무 편안한 생활을 한다는 것이 간혹 문제가 됩니다.
언어적 관계에서 내 얘기를 잘 경청해 주었던 편안함과 생활에 있어서 세탁, 청소 등 내
자잘한 생활 조차 서비스 받았던 편안함에 익숙해서 서구권에서 그런 편안함이 주어지
지 않는 것에 당혹해 하는 일이 종종 있습니다.

따라서 외국에서의 어학연수 생활의 기준을 서구권 생활수준이 정상적이라고 눈높이를
맞추고, 필리핀이나 인도에서는 추가적인 서비스 등이 제공되었던 것이라고 생각하는
것이 좋습니다. 서구권 홈스테이 가서 세탁, 청소까지 다 해 달라고 높은 자세에서 요구
하고, 서구인들과의 대화에서도 내 얘기에 나보다 낮은 자세로 경청해 주기만을 요구한
다면 마음의 상처를 받을 일들이 많을 수 있기 때문입니다.

전체 어학연수에서 포지셔닝하기

필리핀이나 인도에서의 어학연수가 유용하게 다가가는 경우는 여러 가지가 있을 수 있습니다. 아름다운 해변이 많은 필리핀에서 여가와 연수를 동시에 진행할 수 있고, 세계적인 정신문명의 고향으로서 인도에서 여행과 연수를 동시에 진행할 수도 있습니다. 그럼으로써 인류에 대해서, 그리고 자신에 대해서 사고의 폭을 넓히는 계기로 삼을 수도 있습니다.

하지만, 무엇보다도 필리핀이나 인도에서 어학연수를 하는 가장 중요한 이유는 언어실력을 가장 효과적으로 최대한 짧은 기간 안에 상승시키기 위해서라고 할 수 있습니다. 언어적 준비도 되어 있지 않은 상황에서 무작정 서구권 24시간 영어사용의 환경으로 가서 적응에 실패하고 또 다른 좌절감만 갖고 귀국하는, 실패하는 어학연수가 아닌, 투자한 만큼의 제대로 된 어학연수 효과를 얻기 위함이라 할 수 있습니다.

어학연수의 형식에 대한 결정에 있어서 가장 중요한 요소는 또한 비용이라 할 수 있습니다. 아무리 가고 싶은 국가가 있다 하더라도 비용적인 능력이 되지 않는다면 실현이 요원한 계획이 될 수밖에 없기 때문입니다.

그럼 비용대비 필리핀이나 인도 어학연수를 효과적으로 위치시킬 수 있는 몇 가지 사항의 예를 들어보도록 하겠습니다.

●●필리핀/인도 단독 어학연수

월 평균 120만원 정도의 수업, 숙식, 용돈 총비용을 예상하고, 그것에 항공료와 기타 잡비로 120여만원을 더하면 총비용이 예상됩니다. 예를 들면 3개월에 총 480만원, 4개월에 총 600 만원 정도의 비용이 소요됩니다.

연수비용을 많이 계획하기 어려운 경우에 이 방법이 좋으며, 특별히 서구권 경험이 필요치 않으며 실질적인 언어실력 향상만 짧은 시간에 이룩하고자 할 경우 좋은 방법이 됩니다.

●●필리핀/인도 + 호주/뉴질랜드/캐나다 워킹홀리데이

비용을 적게 들이면서 어학연수를 준비하고자 하며, 비교적 장기연수를 준비하는 분들에게 유리합니다. 워킹홀리데이 비자는 일을 할 수 있으며, 단기간 학업도 가능한 비자입니다. 그런데 영어능력이 없이는 효과적인 워킹홀리데이 생활은 요원하다 할 수 있습니다.

이때 단기간 필리핀이나 인도에서 영어실력을 일취월장 시키고 워킹홀리데이 생활을 시작할 수 있습니다. 워킹홀리데이 생활을 하면서도 가급적 학업의 끈을 놓지 않는 것이 성공연수의 포인트라 할 수 있습니다. 필리핀/인도 연수비용에 워킹홀리데이 정착비로 100 여만원 추가해서 최소비용으로 준비해 볼 수 있습니다.

●●필리핀/인도 + 영국/아일랜드/호주 학생비자 아르바이트

영국/아일랜드/호주는 학생비자로 주20시간 이내 합법적인 아르바이트가 가능한 국가입니다. 학생비자를 유지하기 위해서는 학업이 지속되어야 하기 때문에 워킹홀리데이보다는 초기비용이 많이 소요가 됩니다. 비자취득을 위해서 등록기간에 따라서 500~900만원 정도를 선송금해야 하고, 이후 현지에서는 아르바이트로 생활비 충당을 노력해 보는 컨셉이 됩니다.

●●필리핀/인도 + 미국/캐나다/영국/아일랜드/호주/뉴질랜드 일반 어학연수

아르바이트 없이 어학연수만을 하는 컨셉의 어학연수입니다. 전체 비용은 서구권 국가의 비용에 따라서 달라지는데, 1년 정도 기준으로 2~3000 만원 정도의 비용이 소요되게 됩니다. 초기 필리핀/인도를 위치시킴으로써 전체 연수비용을 줄이고, 효과적인 언어학습을 도모할 수 있는 일반적인 연계연수 패턴이라 할 수 있습니다.

6 서국권 가서 최고레벨 들어가기

어떤 학생의 미국경험담 중의 일부분입니다. 성실히 연수한 학생이며, 그러했기 때문에
위와 같은 촌철살인의 핵심적인 경험담을 이야기 할 수 있었다고 생각됩니다. 이와 같
이 성공적인 어학연수를 위해서는 연수 시작하는 시점에서의 영어능력이 상당히 중요
한 요소가 된다 할 수 있습니다.

물론 한국에서부터 그러한 준비가 된다면 좋겠지만, '0' 시간 영어사용의 환경에서 수많
은 일상들과 함께 하는 상황에서 그러한 수준의 준비를 만든다는 것은 현실적으로 쉽지
않은 일이기도 합니다. 그러한 과정을 필리핀이나 인도에서는 매우 단기간에 성취시킬
수 있게 되는데 이것이 바로 필리핀, 인도 어학연수의 핵심적인 장점이라 반복해서 말
씀드릴 수 있습니다.

인도에서 3개월 어학연수를 하고 미국에 간 학생의 경험담입니다. 일반적으로 볼 때 위 학생 정도의 영어능력이라면 미국으로 바로 갔다면 최소 6~8개월 이상의 연수를 성실히 할 경우에 위의 레벨에 도달할 수 있습니다. 그런데 위 학생의 경우 인도에서 매우 저렴한 비용으로 3개월 만에 미국에서 최고레벨로 학업을 시작하게 된 것입니다.

어학연수를 최고레벨에서 시작하는 것은 매우 중요한 일이 되는데, 몇가지 관점에서 그 중요성을 한번 검토해 보도록 하겠습니다.

●● 고급과정에 보다 빨리 들어갈 수 있다.

어학연수에는 다양한 과정이 있습니다. 일반영어과정은 명확한 결과물과 목표의식을 가질 수 없기 때문에 가급적 빠른 시간 안에 객관적인 성취를 가늠해 볼 수 있는 TOEFL, IELTS, Cambridge 같은 국제공인 영어시험과정이나 전문과정인 Business, Tesol 등의 Diploma나 Certificate 과정에 참여하는 것이 성공연수에는 더욱 효과적입니다. 높은 레벨에서부터 연수를 시작한다면 이러한 시험과정이나 전문과정에 보다 빠르게 참여할 수 있게 되고, 주어진 시간 안에 보다 많은 성취의 결과물들을 얻을 수 있게 됩니다.

●● 한국학생 비율이 적다.

많은 이들이 서구권 어학연수를 준비할 때 한국학생이 없는 곳을 선호하고 찾고 있습니다. 하지만, 한국학생 비율의 문제는 연수기관에 따라서 선별해 고를 수 있기보다는 어떤 연수기관이던 레벨에 따라서 차이가 있다고 할 수 있습니다.
예를 들어 어떤 연수기관에 한국학생비율이 25% 라고 확인하고 갔는데, 막상 갔더니 본인의 클래스에 50% 가 넘는 경우도 많이 겪게 됩니다. 25% 라는 것은 전체 비율을 말하는 것일 뿐, 대부분 한국학생들이 처음에 편성되는 중급이나 중하급에는 그 이상의 비율을 느끼게 됩니다. 따라서 고급레벨로 들어가게 되면 낮은 한국인 비율로 국적구성에 있어서도 훨씬 좋은 환경을 가질 수 있게 됩니다.

●● 성공은 성공자들과 함께 하면서 더 쉽게 얻게 된다.

어학연수 학생들 중 일반적으로 빠른 언어적 성취를 보이는 학생들로는 유럽권과 남미권 학생들을 들 수 있습니다. 이유는 문화적으로도 영어권 국가와 유사하며, 그들의 모국어 또한 영어와 문법이나 단어 등 유사한 형태가 많기 때문입니다. 따라서 보통 아시아 학생들보다는 2~3배 이상의 빠른 언어적 성취를 보이기 때문에 최고 레벨에 속하는 경우가 많습니다. 이들 학생들과 함께하는 학업환경에 있다 보면 자극과 성취감을 훨씬 높게 느끼게 됩니다. 낮은 레벨의 반에서 낮은 성취의 분위기 속에서는 대부분 '어학연수는 문화경험이나 하는거지~' 라는 분위기 속에서 나태와 권태로 실패하는 어학연수를 할 가능성이 높지만, 높은 레벨에서는 반대로 주변 학생들보다 더 열심히 해야지! 뒤떨어지지 말아야지! 하는 자극을 갖게 되는 것입니다.

이는 반드시 어학연수에만 적용되는 사항이 아닌 세상 어떤 부분에 대해서도 동일하게 적용되는 사항이니 쉽게 동의할 수 있으리라 생각합니다.

위에서 알아본 바와 같이 높은 레벨에서 연수를 시작하는 것은 성공적인 어학연수의 매우 중요한 본질적 요소라 할 수 있습니다.

필리핀과 인도 어학연수 생활에서는 서구권에 갔을 경우 반드시 최고레벨에 들어가겠다는 목표를 명확히 소유하고 더욱 노력하여야 할 것입니다. 바로 초반 기간이 전체 연수의 성패를 좌우하기 때문입니다.

7 발음문제

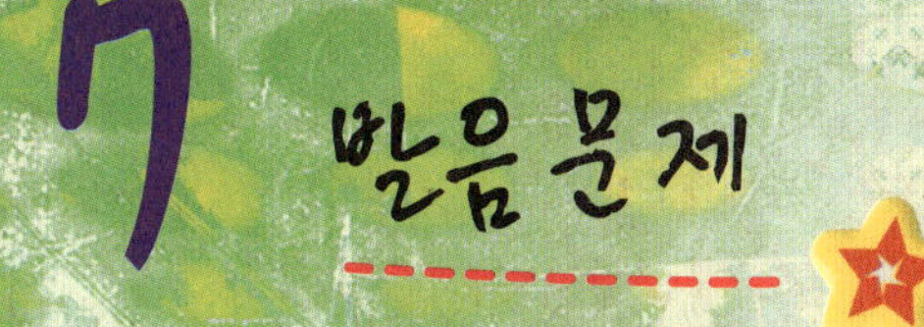

발음문제는 필리핀과 인도 어학연수 선택에 있어서 많은 분들이 가장 많은 의구심을 갖는 부분이라 할 수 있습니다. 이 부분에 대해서 고려해 볼 때 먼저 다음의 질문에 대해서 한번 여러분들 스스로 답을 해 보는 것이 좋을 듯 합니다.

"나의 영어가 다른 모든 것은 거의 완벽한데 오직 발음만이 부족한가?"

아마 대부분의 분들은 "그렇다." 라는 답을 하지 못할 것으로 생각됩니다.
발음은 정확한 발음이 중요한 것일 뿐, 스타일을 논하는 것은 제 2언어로써의 영어를 익히고자 하는 입장에서 그리 큰 의미를 갖지 못한다 할 수 있습니다. 또한 우리가 영어를 배우려고 하는 것은 미국어나 영국어의 영어가 아니라, 국제사회의 공용 소통도구로써의 영어를 익히고자 함입니다.

지금 현재 아주 기본적인 커뮤니케이션조차 하지 못하는 상황에서 이 발음은 어떻고, 저 발음은 어떻고 하는 것은 앞서가도 한참을 앞서가는 일이라 할 수 있습니다.
물론 그렇다고 형편없는 발음으로 영어를 배워야 한다는 말씀을 드리는 것은 아닙니다.

필리핀이나 인도의 경우 이전의 내용에서도 언급을 드렸지만, 일반인들의 영어수준은 매우 낮은 수준이라 할 수 있습니다. 하지만, 이 나라로 어학연수를 가는 컨셉은 그 나라 전국민과 의사소통의 기회를 통해서 영어를 익히고자 함이 아니라, 소수의 영어 잘하는 이들과의 집중적인 소규모 클래스를 통해서 단기간 안에 영어소통 능력을 발전시키고, 영어사용에 대한 자신감을 갖고자 하기 위함입니다.

발음은 내가 영어에 대한 자신감을 갖게 된다면 얼마든지 노력하여 짧은 시간 안에도 교정할 수가 있습니다. 개인적으로 운영하는 어학연수 카페 커뮤니티에서 발음에 관한 전문가를 모시고 특강을 하고 있는데, 빠르면 몇 일간의 집중연습을 통해서도 원어민에 근접한 발음을 습득하는 것을 지켜보고 있습니다.

따라서 발음에 관해서는 큰 의미부여를 하지 않아도 되고, 이들 나라에 연수를 가서 만나게 되는 강사들이나 주요 생활현장에서의 영어는 큰 무리가 없는 수준이라 보아도 무방합니다.

간혹, 어떤 분들이 필리핀 등에서 연수를 하고 서구권에 가자마자 거리에서 영어를 접하고는 영어소통에 어려움을 느끼면서 필리핀에서의 기간을 헛 배웠다고 얘기하는 경우가 있는데, 이는 다른 부분에서 생각해 보아야 할 사항이 됩니다.

서구권 안에서도 교실 안의 영어환경에서는 선생님들이 가급적 천천히 쉬운 표현으로 가르치는 경우가 많습니다. 이런 환경에서는 어느 정도 자신감을 갖다가도 대학 수업을 청강을 한번 해 보거나 전철 안에서 주위 사람들이 나누는 영어를 듣게 되면 다시금 "갈 길이 멀구나!" 느끼는 것과 마찬가지의 개념입니다.

필리핀에서 선생님들이 지나치게 학생을 배려하여 쉽고 천천히 이야기 해주는 경우가 있는데, 일정 기간이 지나면 학생 스스로 더 빠른 일상적인 수준을 요구하는 것이 좋다고 할 수 있습니다.
연계연수시 서구권에서 간혹 느끼는 당혹감은 속도의 괴리감이나 약간의 언어적 습관의 차이일 뿐 영어 자체를 말하고 듣고 연습했던 사항들은 절대 잊혀질 수 없는 실력으로 남게 되는 것입니다.

8   적절한 연수기간은?

연수 상담시에 자주 물어오는 질문 중의 하나가 바로 필리핀이나 인도에서 얼마간의 기간을 보내는 것이 좋을까에 관한 사항입니다.

객관적인 개량화를 시키거나 할 수 있는 부분은 아니겠으나, 최대한 많은 이들의 경험의 평균치를 산출해 일반화시키면, 보통 3~6개월 정도가 적절한 기간이라 할 수 있습니다.

보통 필리핀이나 인도를 서구권 국가와 연계해서 가는 경우에는 가장 많은 이들이 선택하는 기간이 3개월 정도라 할 수 있습니다. 전체 연수기간이 6개월 정도로 짧거나 학생의 영어능력이 비교적 높은 경우에는 2개월 정도의 기간으로 연수를 하는 경우도 있습니다.

위의 사항은 지금까지의 일반적인 사항일 뿐, 연수기간의 배분은 자신의 영어실력과 비용계획 여하에 따라서 고려해 보시는 것이 가장 좋습니다.
최장의 기간으로는 6개월 정도까지는 괜찮은 기간이라 할 수 있습니다. 그 기간이 넘어가면 커리큘럼 상 전문과정 등이 많지 않기 때문에 고급 프로그램에 대한 욕구로 인해서 서구권 국가로 이동을 하는 것이 적절할 듯 합니다.

간혹 어떤 분들의 경우 3개월이 지나면 지루해 진다거나 하는 얘기를 하는 경우가 있는데, 이는 3개월 이후 기간에 한번 정도 겪게 되는 언어실력 향상의 중간 정체기에 대한 일반적인 견해일 뿐 필리핀이나 인도라고 해서 갖게 되는 환경의 한계로 인한 것은 아닙니다. 서구권에서 처음 연수를 시작하는 학생들의 경우도 3개월 이후에 그러한 정서를 한번 정도 느끼는 경우가 많기 때문입니다. 그리고, 그런 것은 하나의 정서의 문제일 뿐 슬럼프라는 이름하에 실패자의 변명꺼리로 삼아서는 안 될 것이라고 명확히 생각해야 합니다.

개인적으로 아는 분 중에는 연수출발 전 알파벳 정도밖에 모르던 실력에서 필리핀에서만 1년의 시간을 보내고도 그 누구보다도 유창한 영어능력을 성취한 분이 있습니다. 필리핀이건 인도건 다른 서구권이건 돈과 시간이 안돼서 어학연수를 못 가는 분들이 더욱 많은데, 그런 기회를 갖고도 오히려 오래 있는다고 해서 실력적으로 손해가 난다고 생각하는 것은 넌센스라고 할 수 있습니다.

기간에 대해서 정리해 보면 보통 연계연수일 경우 3개월 정도를 많이 가고 있으며, 연수 프로그램 연결상 필리핀이나 인도에서의 적절한 연수기간으로는 3~6개월 정도를 고려하면 됩니다.

9 얼마나 향상되니?

얼마나 향상되는가? 라는 질문은 연수를 준비하는 많은 분들이 가장 궁금해 하는 질문이기도 하면서, 가장 답변을 해주기 어려운 질문이기도 합니다.
세상의 여러 다른 대상과 마찬가지로 어학연수에도 개개인의 노력여하에 따른 결과물의 편차가 클 뿐 객관적인 수량화는 힘들기도 할뿐더러 큰 의미가 없기 때문입니다.

일단 이 부분에 대해서 언급을 드리기 전에 한 가지 전제조건을 달도록 하겠습니다.
즉, 성실히 생활에 임한다는 가정 하에서 생각해 보도록 하겠습니다.
아래는 한 학생의 경험담입니다. 연계연수로 3개월 인도에서 학업 한 후 뉴질랜드로 간 학생의 이야기입니다.

뉴질랜드 오자마자 조금은 서툴지만 자연스럽게 듣고 이해하고 말하고 하는 것이 너무 좋았습니다. 자신감을 얻은 덕분에 외국 친구들도 바로 사귀게 되고 여행도 다녀오고 값진 경험을 하고 있습니다. 인도에서의 경험이 이곳에서 진가를 발휘하는 셈입니다. 만약 바로 뉴질랜드에 왔더라면, 참 힘들었을 겁니다.

물론 3개월 정도의 어학연수로 유창한 영어를 한다는 것은 현실적으로 힘든 일이기에 '조금은 서툴지만' 이라는 표현을 사용하고 있지만, 서구 영어권 국가에서 자연스럽게 듣고 이해하고 말하고 한다는 것은 대단한 발전임에 틀림이 없습니다.

보통 수업에 기본적인 예습을 하면서 참여하고 주중에 성실히 생활을 한다면 대부분은 3개월 정도의 기간으로 위와 같은 결과물은 얻는다고 할 수 있습니다. 즉, 기본적인 일상 의사소통에 있어서 영어로 대화를 해 나갈 수 있는 수준은 성취하게 되는 것입니다.

그 이상의 기간은 보다 전문적인 주제에 관한 대화능력, 보다 서툴지 않은 문장, 표현들, 보다 정확한 발음, 속도 등을 익혀 나갈 수 있게 되며, 그것은 전제한 바와 같이 연수생 본인의 노력과 열정에 따라서 매우 큰 차이가 나는 사항이라 할 수 있습니다.

따라서 '얼마의 기간으로 어느 정도의 성취를 하는가?' 라는 불분명한 호기심이나 고민으로 시간을 빼앗기지 말고, '노력한 만큼 분명한 성취를 얻는다' 라는 믿음을 갖고, 현재 자신의 위치에서 최선을 다하는 것이 중요합니다.

10 연수형태와 연수기관들

필리핀과 인도에서의 어학연수 형태와 연수기관의 종류에 대해서 알아보도록 하겠습니다.

필리핀이나 인도에서 하게 되는 가장 보편적인 연수형태는 기숙식 어학원에서 학업을 하는 것입니다. 학원 수업 내에 1:1, 1:4, 1:8, 1:12 등의 수업형태가 제공되고 있습니다. 아울러 학습공간과 일체형으로 기숙사 환경이 구비되어 있으며 식사도 제공이 되고 있습니다. 이외로는 개별적으로 국가에 입국하여 하숙집이나 개별숙소를 구해서 1:1 튜터를 따로 고용해서 연수를 하는 경우가 있습니다. 주로 집이나 맥도날드 같은 패스트푸드점에서 학업을 하기도 합니다.

지금은 많이 줄었지만, 한동안 필리핀이나 인도에서 개별적으로 생활하면서 튜터학습을 하는 어학연수가 많았던 적이 있었습니다.

한국학생들의 특징이 무언가를 직접 알아보고 준비해서 진행을 하면 훨씬 좋은 생활을 한다거나 또는 그 과정자체가 큰 의미가 있다고 생각하는 경우가 있는데,

이는 사실과 매우 다른 사항이라 할 수 있습니다.

가장 중요한 본질은 언어실력을 향상시키는 것일 뿐, 알아보는데 시간 허비하고, 개인적으로 가서 자취생활하면서 식사에 신경 쓰고, 강사 구하는 것에 신경 쓰고 등의 생활은 절대 중요한 본질이 될 수 없습니다. 또한 정해진 생활의 틀이 없는 경우 자신의 의지만으로 성공적인 결과를 만들 만큼의 강한 자기관리의 의지를 가진 이들은 많지 않습니다. 오히려 이런 경우 탈선 등으로 무용한 시간을 보내다 오는 경우가 더 많게 됩니다. 심한 경우 학비로 송금 받은 돈을 유흥에 탕진하는 경우도 생기게 됩니다.

따라서 필리핀이나 인도에서 어학연수를 계획할 경우에는 어학원에서 학업을 하는 것으로 단정적으로 계획을 하는 것이 좋습니다.

어학연수기관의 형태로는 대학부설과 사설학원으로 나누어 볼 수 있습니다.
대학부설은 주로 미국에 많은 어학연수 기관인데, 대학 내 개설되어 있는 연수과정을 말합니다. 또래 네이티브 학생이 많고 대학시설을 이용할 수 있다는 것이 장점입니다.
사설학원은 영리 목적의 연수학원으로써 운영되는 곳으로 회화에 집중할 수 있고, 한 반 인원이 적으며, 비용이 저렴한 것이 장점입니다.

필리핀과 인도의 경우를 예로 들어보면, 이들 나라에서의 연수컨셉은 1:1 수업 등 소규모 형태의 수업과 기숙환경 등 몰입형 컨셉이 의미가 있다고 보았을 때, 대학부설 연수기관은 큰 의미를 갖지 못한다 할 수 있습니다. 대학부설은 단체 수업으로 진행이 되는데, 이는 서구권 연수형태와 다름이 없고 필리핀과 인도연수의 장점을 취하지 못하는 연수형태이기 때문입니다.
물론 대학부설의 타이틀이 있으면서 사설학원이 입주한 형태라면 상관이 없겠지만, 순수 대학부설로써 단체수업을 하는 기관이라면 선택에서 배제하는 것이 좋으며, 필리핀과 인도에서는 사설어학원에서 연수를 하는 것으로 정리를 해보면 되겠습니다.

11 다른 아시아 국가 싱가폴, 말레이시아와 비교하기

필리핀과 인도어학연수에 대해서 안내를 하다보면, 간혹 싱가폴과 말레이시아에서의 어학연수에 대한 문의를 받는 경우가 많습니다. 같은 아시아권이기에 비슷한 환경의 어학연수가 제공되지 않을까 하는 생각들을 많이 하는 듯 합니다.

싱가폴과 말레이시아는 필리핀, 인도와 같은 아시아지역에 속해 있기는 하지만, 생활수준에 있어서는 이들 국가보다 훨씬 좋은 환경을 갖추고 있습니다. 깔끔한 환경과 수준 높은 생활 등 여러 측면에서 선진국가가 갖추고 있는 인프라를 갖추고 있기도 합니다.

하지만, 이들 나라는 필리핀, 인도처럼 물가가 저렴하지 않기 때문에 필리핀이나 인도에서 가능한 몰입형 연수기관으로써의 장점을 갖추기가 어려운 환경입니다. 싱가폴이나 말레이시아에서 1:1 수업이나, 여러 생활의 서비스가 되고 있는 기숙환경을 제공하고자 한다면 그 비용은 서구권 영어연수 비용보다 오히려 더 비싼 비용이 될 것입니다. 또한 1:1이 아닌 단체 수업으로 어학연수를 한다 하더라도 서구국가 중 뉴질랜드 등 저렴한 나라들과 비용에 있어서 큰 차이가 나지 않기 때문에 저렴한 연수비용이라는 장점을 갖기에 어려운 점이 있습니다..

물론 싱가폴과 말레이시아는 중국어를 함께 배울 수 있는 환경과 조기유학지로는 여러 장점을 갖고 있다고 알고 있습니다. 하지만, 어학연수에 있어서 필리핀과 인도만큼의 저렴한 비용과 몰입형 컨셉의 위치선정에는 한계가 있습니다. 따라서 각각의 국가에서 얻을 수 있는 장점과 위치선정을 정확히 하여 자신의 목적에 적합한 곳을 선택하는 것이 좋습니다.

12 한국에서 1:1 수업을 하는게 낫지 않을까?

필리핀과 인도어학연수를 생각하지 않았던 분들에게 이들 나라의 어학연수를 조심스레 추천하다 보면 가장 많이 듣게 되는 질문 중 하나가 위와 같은 것이라 할 수 있습니다. 아마도 필리핀과 인도 어학연수의 장점에서 가장 많이 부각되는 것이 1:1 수업이다 보니, 많은 이들은 그럼 이들 나라에서 연수를 하느니 차라리 한국에서 1:1 수업을 하는 것이 낫거나 또는 대체 가능한 방법이 아닌가라는 반문을 하곤 합니다.

하지만, 한국에서 1:1 수업을 한다 하여서 필리핀과 인도어학연수와 같은 동일한 효과를 낼 수는 없는 일입니다.
어학연수의 두가지 본질적인 목적이 24시간 영어 '사용' 환경과 24시간 영어 '학습' 이라 할 때 이에 반하는 한국에서의 환경은 '0' 시간 영어하는 환경과 자잘한 '일상사' 가 많은 환경이라 할 수 있습니다.

필리핀과 인도가 일반인들의 영어수준이 뛰어나지 않다 하더라도 기본적으로 쇼핑, 레스토랑, 여행 등등에서 영어소통은 보편적으로 이루어진다 할 수 있으니, 강사와 함께 하는 많은 시간과 합하여 24시간 영어사용 환경이 갖춰진다 할 수 있습니다.
그리고, 한국에서는 학교 다니랴, 직장 다니랴, 집안일에 친구들 만나는 일, 대소사 찾아다니는 일, TV 보는 일 등등 영어에만 몰입하고 싶어도 그렇게 하지 못할 일상사가 영어학습에 방해가 된다 할 수 있습니다. 영어학습의 효과를 얻을 수 있는 일정한 학습의 강도가 만들어지지 못하게 되는 것입니다. 따라서 필리핀과 인도에서의 어학연수 생활과 한국에서 1:1 수업을 하면서 학업하는 생활과는 언어학습의 효과에 있어서 절대적인 차이가 납니다.

또한 한국에서의 1:1 학업을 한다면 그 비용 면에서 필리핀과 인도보다 몇 배 이상은 더 소요됩니다. 동일한 수업시간만큼의 환경을 만들어 내기 위해서는 큰 비용이 소요되는 것입니다.

따라서 학습효과나 학업비용을 감안하면, 모든 일상을 떠나서 영어학습과 영어사용에만 몰입할 수 있는 필리핀이나 인도에서의 어학연수 시간을 갖는 것이 한국에서의 1:1 학습보다 비교할 수 없을 정도로 더 효과적인 방법이라 할 수 있습니다.

13 초보자에게만 유리한가?

필리핀과 인도어학연수의 효용성을 평가할 때 가장 많이 언급되는 부분이 초보연수생들에게 가장 적합한 어학연수지라는 것입니다. 물론 이는 대단히 적절한 평가라고 할 수 있습니다. 실제 초급 정도의 낮은 영어수준으로 처음부터 서구권으로 어학연수를 갈 경우 성공가능성이 극히 낮기 때문입니다.

그런데 이런 표현을 사용하다보면 마치 필리핀과 인도에서의 어학연수가 왕초보에게만 적합한 어학연수지인 것으로 생각되는 경우를 보곤 합니다. 중급 이상의 경우에는 이들 나라에서의 연수가 적절치 않은 것으로 인식되는 것입니다.

하지만, 실제는 그와 같지 않습니다. 필리핀과 인도 어학연수가 성공가능성이 낮은 초보자들에게도 성공의 가능성을 높여 준다는 의미에서의 '초보자에 유리한 어학연수지'일 뿐 실제로는 다른 서구권 연수지와 마찬가지로 중상급 이상의 준비가 더 되어 있는 경우에 더욱 유리한 어학연수지라 할 수 있습니다.
어느 곳을 막론하고 어학연수는 준비된 만큼의 성공률이 높아지며, 필리핀과 인도도 예외가 될 수 없습니다.

따라서 필리핀과 인도에서의 어학연수가 마치 왕초보들에게만 적합한 곳으로 인식될 이유는 없으며, 영어에 대한 지식은 높으나 회화경험이 없는 학생들에게 더 유리하며, 더 적극적인 어학연수지로 고려되어야 할 것으로 생각됩니다.

14 취업에도 더 유리

어학연수의 가장 직접적이고 단기적인 목적은 다른 무엇보다도 취업에 대한 준비라 할 수 있습니다. 어학연수로 외국어를 잘한다는 행복지수를 높이고 삶의 인식을 넓히고 하는 것도 중요한 일이지만, 단지 그것만을 위해서 막대한 비용과 시간을 투자하여 어학연수를 갈 수는 없는 일입니다.

그런데 필리핀과 인도를 연계하는 어학연수는 이러한 어학연수의 가장 실질적인 목적인 취업을 위해서도 서구권 단독 연수보다 더 유리한 어학연수라 할 수 있습니다.

개인적으로 인터넷 공간에서 어학연수 커뮤니티를 운영하면서 10여년 동안 많은 회원들의 연수 전부터 연수 후, 그리고 사회생활까지 지켜보면서 교류를 나누고 있는데, 취업에서 요구되는 자질이 최근 10여년 동안 많이 변해오고 있다는 것을 체감하고 있습니다.

예전에는 단순 학벌 순으로 좋은 직장을 얻는 순서가 형성되는 것이 당연시 되어 왔는데, 2000년 이후부터는 학벌보다도 글로벌 경험이 보다 더 중요한 스펙으로써의 역할을 하고 있습니다. 실제 그러한 입사결과들을 지켜보면서 세계화의 여러 부정적인 측면도 있겠지만, 능력위주의 사회를 만드는 것에는 세계화가 매우 긍정적인 역할을 하고 있구나 하는 생각을 가져 봅니다.

그런데 잠시만 생각을 해 보아도 위와 같은 변화는 매우 당연할 수밖에 없습니다. 내수시장이 작은 한국의 기업들은 글로벌 진출이 가장 중요한 문제가 될 수 밖에 없고 인재를 뽑는 측면에서도 세계 어디라도 당장 파견할 수 있는 글로벌 엘리트들을 더 선호할 수밖에 없는 것입니다.

예전과 같이 미국 일변도의 수출구조라면 선진국만 다녀온 인재라도 문제가 없겠지만, 이제는 수출 1위부터가 제 3세계적인 환경을 많이 갖춘 중국이고, 이외 동남아, 중앙아시아, 중동, 동유럽, 아프리카 등 선진국적인 시스템을 갖추지 못한 나라들이 더 큰 비중을 차지하고 있습니다.

이런 구조에서 필리핀이나 인도 같은 동일한 제 3세계적인 환경을 갖춘, 즉 사회 여러 시스템이 아직 후진적인 상황에 있는 국가들을 경험해 봄으로써 진정한 의미에서 글로벌 엘리트로써의 요건을 갖출 수가 있게 되는 것입니다. 글로벌 엘리트의 최고의 요건은 다양한 다른 문화에 대한 이해 능력에 있기 때문입니다.

여기에서 필리핀과 인도어학연수의 장점을 한 가지 더 덧붙일 수 있는데, 저렴한 비용과 더 효과적이며 빠른 언어실력 향상과 더불어 '취업에 대비한 글로벌 엘리트로서의 가능성' 또한 더 높은 가치향상을 꾀할 수 있게 되는 것입니다.

15 안전문제

필리핀과 인도를 떠올릴 때 많은 분들은·이들 나라들이 매우 위험한 나라라는 인식을 많이 갖고 있는 듯 합니다. 늘 언론에 보도되는 기사들은 테러나 질병, 가난, 강력범죄 등의 사건사고 보도가 많기 때문입니다. 어떤 분들은 심지어 밀림으로 연수를 가는 것도 아닌데, 말라리아 같은 예방접종을 해야 하지 않느냐고 문의하는 경우도 있습니다.

안전에 대해서 단정적으로 말씀드리면 필리핀과 인도는 일상생활을 영위하는데 있어서 매우 안전한 나라라고 말씀드릴 수 있습니다. 물론 필리핀 교민사회에서의 여러 사건사고에 관한 보도도 있고, 인도에서 종교갈등에 따른 테러도 있지만, 그것은 매우 한정적인 경우에 국한된 것일 뿐 일상생활과는 다소 괴리감이 있는 말 그대로 사건사고일 뿐이라 할 수 있습니다.

90년대 후반 한참 해외여행을 다니고 있던 중이었습니다. 호주에서 전 세계 친구들과 함께 여행자 숙소에서 모여 앉아 이런저런 이야기를 나누던 중이었습니다. 그 중 남아공 출신 여행자에게 '남아공이 위험하지 않은가?' 라는 질문을 했던 적이 있습니다. 그랬더니 그곳에 있던 많은 다른 나라 여행자들이 매우 의아해 하면서 'South Korea 가 가장 위험한데 그런 질문을 하는게 우습다.' 라는 반문을 하였습니다. 처로써는 한국이 매우 안전한 나라였지만, 그들 입장에서 한국에 대해서 듣고 보는 이야기는 쇼핑하다가 백화점이 무너질 것 같은 나라, 차를 타고 다니다가 다리가 무너질 것 같은 나라, 밤에 길을 걷다 데모대의 화염병을 맞을 것 같은 나라, 여차하면 북한의 잠수함이 공격해 오는 나라 같은 이미지일 뿐이었습니다. 지금도 한국에 대해서 자세히 알지 못하는 외국인들은 북한의 핵무기가 언제 공격해 올지 모를 나라라고 생각하는 경우가 많습니다.

이렇듯 사건사고의 보도와 일상생활과는 매우 차이가 있는 것으로써 글로벌 사회를 살아가는 세계인으로서 작은 일면만으로 전체를 일반화시켜버리는 우를 범하지 말아야 할 것으로 생각됩니다.

오히려 필리핀과 인도는 기숙학원이기 때문에 개별 숙소생활을 하는 것보다도 훨씬 안전하다 할 수 있습니다. 외부인들이 들어올 수 조차 없는 환경이기 때문입니다.

물론 해외에서 생활시에 기본적인 안전수칙은 지켜야 합니다. 예를 들어 홀로 외진 지역이나 밤거리를 다니는 것은 금물이며, 여행도 가급적 단체로 함께 팀을 이뤄 가는 것이 좋습니다. 유명한 종교사원에 종교기념일에 방문하는 것도 피하는 것이 좋습니다. 그러한 기본적인 수칙만 지킨다면 필리핀과 인도는 친절한 국민성을 경험할 수 있는 매우 안전한 나라라 할 수 있으며, 안전한 어학연수 생활을 할 수 있는 곳이라 할 수 있습니다.

16 연수비용

필리핀과 인도 어학연수의 가장 큰 장점으로 꼽는 것 중의 하나가 연수비용이 저렴하다는 것입니다. 또한 인건비 부분이 절대적인 1:1 수업이 포함되어 있다는 것을 생각하면 실질적인 비용은 훨씬 더 저렴하다고 할 수 있습니다.

몇 번 언급을 드렸는데, 이들 나라에서의 어학연수비로는 수업, 숙식, 용돈을 합하여 월 평균 120만원 위아래 정도를 예상해 볼 수 있습니다. 물론, 연수기관이나 기숙사 인실 등에 따라서 개별적인 차이는 있습니다.

그럼 전체 연수경비에서 각 항목이 차지하는 사항에 대해서 알아보도록 하겠습니다.

수업료

수업에는 1:1 수업이 포함되어 있는 여부와 전체 수업시간을 함께 고려해 보아야 합니다. 보통 1:1 수업과 1:4 등 단체수업을 포함하여 하루 6교시 수업이 일반적이며, 수업료는 학원에 따라서 또는 구성에 따라서 월 45~60만원 정도 수준입니다.

룸인실에 따라서 차이가 있습니다. 1인실이 제공되는 어학원인 경우 1인실 비용이 가장 비싸며 60만원 내외입니다. 2~3인실의 경우 45~55만원 정도 수준입니다. 1일 3식의 한식이나 한식+현지식이 제공되며, 세탁, 청소 등이 대부분 무료제공이 됩니다. 단, 에어컨 사용량에 따른 전기세는 별도로 받는 곳이 많은데 월 2~3만원 정도 수준입니다.

용돈은 개인적인 편차가 큰 부분입니다. 학업에 열중을 하는 경우를 가정한다면 별도의 용돈이 지출될 일이 거의 없게 됩니다. 용돈 구성에서 큰 비중을 차지하는 교통비, 점심식대 등이 지출되지 않기 때문입니다. 주말에 영화, 외식 등 외부활동 등을 조금씩 한다 할 때 월 10만원 정도 예상할 수 있습니다. 여행비는 별도로 예산을 고려해 봐야 합니다.

**학업허가증(SSP),
비자관련비용**

필리핀의 경우 현지에 가시면 1회에 한해서 SSP 라는 학업허가증을 받아야 합니다. 이외 한 달에 한 번씩 현지에서 비자연장을 하게 됩니다. 이 비용으로 3개월 기준으로 40여만원 소요되게 됩니다. 인도의 경우에는 1회에 한해서 한국에서 관광비자를 받고 가게 되며 비용은 75,000원입니다.

항공료

항공료는 시즌에 따라서 요금의 차이가 있습니다.
일반적으로 비수기 시즌 기준으로 본다면 필리핀의 경우 왕복 80만원 내외가 가장 많으며, 인도의 경우 왕복 110만원 내외가 많습니다. 비자제반 비용에서는 필리핀이 비용이 많이 들고, 항공에서는 인도가 비용이 많이 들어서 두 국가의 비용은 비슷한 수준이라 할 수 있습니다.

**조기영어
연수비**

위의 사항은 성인어학연수의 기준 비용입니다. 초중등 몰입형 연수의 경우 성인연수에 비해서 비용이 많이 소요됩니다. 학생과 강사가 함께 숙식을 하면서 생활을 챙겨 받고 완전 몰입형 연수를 할 경우 총비용으로 월 250~300만원 정도가 소요되며, 별도 케어가 없이 부모님 동반연수나 성인과 동일한 환경의 어학연수를 진행 받을 경우 150~200만원 정도 소요됩니다.

3 필리핀·인도 어학연수 성공하기

● ● 예습 없는 연수생활은 허당

● ● 몰입형 연수, 문제는 시간!

● ● 연수 전 영어학습하기

● ● 고독한 어학연수

● ● 주중 외출금지

● ● 1:1 수업과 그룹수업의 병행

● ● 영어일기 하루도 빠짐없이 쓰기

● ● 성취해야 할 목표들

● ● 연계연수시 주의사항들

● ● 문화적 체험들, 취업하기

● ● 연수 이후 Follow up 하기

예습없는 연수생활은 허당

이전까지의 내용에서 필리핀, 인도 어학연수의 장점과 효과 등에 대해서 많이 알아보았습니다. 하지만, 이런 장점들만 살펴보면서 필리핀이나 인도를 가면 그냥 저절로 영어 실력이 늘어나리라 생각하면 큰 오산이 됩니다. 세상 모든 대상이 그렇지만, 노력없이 얻어질 수 있는 것은 아무것도 없기 때문입니다.

필리핀과 인도에서 성공적인 어학연수를 위해서 가장 중요하게 생각해야 할 것은 바로 수업에 대한 준비, 예습이라 할 수 있습니다. 이미 이전에 언급 드린 바와 같이 성인의 경우 유소년처럼 영어학습의 성과에 대한 기대시간이 길지 않기 때문에 그저 영어하는 환경에서 하나씩 깨우쳐 가는 학습은 적절치 못합니다. 단기간에 실력을 늘리기 위해서는 의도적인 학습이 매우 중요하며, 자신이 말할 대상에 대한 영어로 된 지식을 열심히 '준비하고', '사용해 보고' 하는 반복 속에서 실력이 늘게 됩니다.

아무리 1:1 수업이 나만을 위한 발화기회를 많이 가질 수 있다 하더라도 수업에 대한 아무런 준비가 없다면 1:1 수업에 대한 흥미는 2~3일 안에 금세 지루해지고, 오히려 시간 때우는 것이 고역이 될 수 있습니다.

예를 들어 수업시간에 대화의 주제가 '자신이 살고 있는 도시에 대해서 설명하시오' 인데 여러분들이 서울에 대해서 아무런 준비가 없다고 가정해 봅시다. 대부분은 아마도 "Seoul is very big city. um... and Seoul is very beautiful..." 같은 단순한 문장만을 반복하다 말게 됩니다.

이렇게 한다면 아무리 1:1 수업을 많이 하고, 아무리 연수기간이 길어진다 하더라도 절대 실력이 늘어나지 않습니다.

이것은 영어사용이 아닌 한국어로 토론을 한다고 가정해도 마찬가지입니다. 글로벌 이슈인 '지구 환경오염의 심각성'이라는 주제를 한국말로 토론해 본다고 가정해 봅시다. 주제에 대해서 관련 자료도 찾아보고 읽어보고 준비해 보지 않는다면 자신의 순서가 와도 그냥 "환경오염은 심각합니다... 음... 앞으로 대처를 잘 해야 합니다." 같은, 누구나 할 수 있는 말 외에는 하지 못하는 것과 같습니다.

그런데 심지어 영어로 '지구 환경오염의 심각성'에 대해서 토론을 하는데 준비를 하지 않는다면 불보듯 뻔한 상황이 될 것입니다.

특히 1:1 수업은 열심히 하면 그만큼 진도도 빨리 나가는 등 액티브한 수업을 진행해 나갈 수 있지만, 준비가 되지 않으면 강사나 본인이나 그저 매일 동일한 농담이나 하면서 매우 지루하게 시간을 때우는 경우가 될 수밖에 없습니다.

따라서 필리핀, 인도 어학연수의 성공은 수업에 대한 준비가 필수적이라고 반드시 명심해야 하며, 다음과 같은 예습사항들을 반드시 지켜내어야 합니다.

교재의 본문주제에 대해서 10번 이상 소리내어 읽어보기

질문항목 다 채워보기

자신의 의견 영작해 보고 10번 이상 읽어보기

추가적인 영작과제도 받도록 하고, 영작하고 10번 이상 읽어보기

미리 준비해서 읽어본 내용이면 수업시간에 전반적으로 똑같지는 않다 하더라도 자신의 의견을 얘기할 능력이 되고, 이렇게 한번 이야기해본 주제라면 이후 언제라도 이야기 할 능력을 갖추게 될 수 있습니다. 이렇게 하루 3~5개 정도의 주제에 대한 영어능력을 차곡차곡 쌓아간다면 2~3달이면 200~300개 정도의 다양한 대상에 대한 영어말하기 능력이 생기고, 그 정도의 화제꺼리라면 영어로 일상대화를 나누는 것에는 충분한 자신감을 가져나갈 수 있게 됩니다.

예전에 모대학교 체육관련 전공을 하던 학생이 있었습니다. 운동을 했던 학생이었고 특별히 영어공부를 해 본 경우는 없는 왕초보에 해당되는 학생이었습니다.
이 학생의 첫 번째 영어공부의 목표는 바로 문법을 공부해 보는 것이었습니다. 영어능력이 워낙 낮다 보니 문법책 자체를 공부할 수준도 되지 못했고, 이 학생에게는 그것이 매우 부러운 일이었던 듯 합니다.

이 학생의 경우 필리핀에 가서 하루도 빠짐없이 예습을 하라는 충고를 열심히 실천을 했고, 자신의 생일에 주변 친구들이 파티를 마련해서 어쩔 수 없이 술자리를 한 날도 밤을 세우더라도 예습은 꼭 실천을 했다 합니다. A4 용지 한 장 가득 직접 또는 인용해서 영작을 빠짐없이 하고 읽어보고 했던 것입니다.
그렇게 3개월여가 지나고 이제 본인도 문법을 공부해 보겠다는 계획에 가슴 설레여 했습니다. 그런데 문법을 공부하더니 의아스러워 하면서 "당연한 얘기들이 나와 있다." 라고 하는 것입니다.

영어를 제대로 공부해 본 많은 분들이 느끼듯 문법이란 문장을 사용할 수 있는 사람에게는 당연한 얘기들을 써 놓은 것밖에는 되지 않습니다. 한국 사람에게 한국어 문법이 당연한 얘기로 보이는 것과 같은 이치입니다. 그 학생이 문법책을 보고 그러한 얘기를 할 수 있었다는 것은 실력이 일취월장 했다는 것을 증명해 주는 얘기라 할 수 있습니다.

여러분들은 대부분 연수 시작단계에서는 그 학생의 경우보다는 영어를 훨씬 잘 하는 수준이라 할 수 있습니다. 열심히 하신다면 그 이상의 성취가 충분히 가능합니다. 자신감을 갖고 열심히 임해 보시기 바랍니다.

모든 대상은 노력 없이 결코 결과가 나오지 않습니다. 노력도 하지 않고 실력이 늘지 않는다고 연수생활에서 소주잔이나 기울이며 감정의 과장 속에 허덕이는 것은 어학연수 뿐만 아니라, 실패하는 인생의 전형적인 모습이라고 밖에 할 수 없습니다.

매일매일 반드시 예습을 하는 그 모습, 그 순간을 늘 확인한다면 반드시 성공적인 결과를 얻을 수 있으리라 확신합니다.

몰입형 연수, 문제는 시간!

행시, 외시, 사시를 수석, 차석, 최연소 합격했던 고승덕 변호사(현 국회의원)가 TV의 모 프로그램에 나온 것을 본 적이 있습니다. 시골 고등학생이 명문대 입시를 반드시 성공해야 하는데, 고승덕 변호사가 그 학생에게 '공부'에 대해서 카운슬링을 해 주는 역할로 나온 것이었습니다. 자신의 공부 경험담을 이야기 하면서 본인은 IQ가 낮기 때문에 남들보다 시간을 더 투자하는 방법밖에 없다고 생각했고, 그래서 하루 17시간 이상 공부를 했으며, 밥 먹는 시간도 아까워 어머니에게 고기반찬도 갈아달라고 했다고 합니다.

참 인상적이었던 그 프로그램을 보면서 시간투자의 중요성을 다시 한번 생각해 보게 되었습니다. 시간투자의 중요성은 어학연수에도 마찬가지 적용이 되리라 생각합니다. 많은 이들이 언어학습에는 무언가 다른 노하우가 존재하지 않을까 하는 방법론에 대해서만 궁리하는 경우를 보는데, 언어학습도 일정한 수준, 즉 문화의 작은 개념으로써 언어에 대한 센스를 가질 때까지는 결국 시간투자만이 유일한 성공방법이 될 수밖에 없습니다.

필리핀과 인도에서의 어학연수는 이러한 시간투자에 몰입할 수 있는 최적의 어학연수 공간이 됩니다. 수업에 대한 준비의 시간투자, 소규모 수업에서의 영어사용에 대한 시간투자, '다른 생활에 대한 시간의 빼앗김이 없이' 이 두 가지에 대해서만 몰입하면서 상호 작용이 발생하고 실력이 늘어나게 되는 것입니다. 보통 수업이 하루 6시간 정도가 되는데, 수업에 대한 준비에 최소 수업시간 이상을 투자해야 하고, 이외 개별적으로 부족한 부분들을 보충하는 시간까지 합하여서 하루 12~15시간 이상을 영어 '학습'과 영어 '사용'에 투자를 하게 되는 것입니다.

언어학습만의 특별한 노하우는 달리 존재할 수 없습니다. 고시도, 영어도 자신만의 일정 노하우를 습득할 수 있는 시기는 그만큼의 시간투자를 하고 난 이후 자신만의 어떠한 느낌, 자신감, 깨달음을 얻으면서 가능한 것입니다.

따라서 필리핀이나 인도에서 그 시간투자를 열심히 해 보시기 바랍니다. 인생 전체를 통틀어 자신의 언어학습에 대해서 순수하게 몰입할 시간은 이후에는 갖기 어려운 시간들입니다. 그만큼 소중한 시간들이라 생각해 볼 수 있습니다.

일정한 강도 이상을 지속적으로 투자해 준다면, 어느 순간 '훅~' 하고 언어에 대한 깨달음과 자신감을 얻을 수 있을 것이라 확신합니다.

3 연수 전 영어학습하기

연수 전 영어학습은 성공적인 어학연수를 위해서 매우 필수적인 사항들입니다. 물론 필리핀이나 인도어학연수는 초보자들에게도 성공의 기회를 제공할 수 있기에 비교적 낮은 수준에도 연수시작이 가능하지만, 이왕이면 주어진 시간 내에서는 최대한 영어준비를 하는 것이 더 좋은 방법임에는 이론이 있을 수 없습니다.

연수 전 영어학습의 기준으로는 한국에서 학업하나 외국에서 학업하나 차이가 없는 것을 위주로 하는 것이 좋습니다. 예를 들어 단어학습, 문법 읽기, 청취연습 등이 그러한 곳에 속할 것입니다. 셀프스터디가 중요하기 때문에 연수 전에 학습하는 것과 연수 중에 학습하는 것이 본질적으로 큰 차이가 없는 것들입니다.

보통 연수준비생들이 가장 많이 보는 교재는 [Grammar In Use]인데, 자신에게 맞는 수준으로 하나 선택하여 반복해서 읽는 것이 효과적입니다. 문법이란 개념위주의 학습은 영어회화에 도움이 되지 않고, 자주 읽어서 문장이 자연스럽게 체화될 수 있도록 하는 것이 가장 좋습니다. 동일 교재를 3~5회 정도 읽어 보는 것이 좋은데, 처음 읽을 때에는 한달 안에, 두 번째는 보름, 세 번째에는 일주일, 네 번째에는 3일, 다섯 번 째에는 하루, 이런식으로 횟수를 더하면서 읽는 기간을 절반으로 줄여주는 절반학습법이 좋습니다.

단어는 특정 추천교재로 거론할 만한 것은 없는데, 편집 등 자신에게 잘 맞는 것을 골라 암기를 해야 합니다. 문장과 함께 읽고 암기하는 것이 좋으며, 어차피 자주 마주쳐서 자연스럽게 암기될 때까지는 수없이 잊어버리는 것이니 좌절감 없이 반복해 주어야 합니다. 단어만이라도 많이 알고 있다면 그만큼 연수기간의 효율성을 더 높일 수 있습니다.

마찬가지로 한권의 교재를 절반학습법으로 5회독 정도 하면 좋습니다.

청취는 받아쓰기 연습을 해 보는 것이 좋습니다. 듣고 받아쓰기를 반복하는 것입니다. 관사나 전치사 같은 것까지 욕심부리지 말고 나머지 부분이라도 다 받아 써보겠다고 연습을 해보시는 것이 좋습니다. 듣기는 일정 정도 신체의 감각적인 부분에 관한 것이니 시간만 충분히 투자된다면 반드시 어느 순간 깨달음의 느낌을 더 쉽게 가질 수 있습니다.

어학연수를 골프로 비유한다면 해외연수를 가는 것은 필드로 나가는 것을 의미합니다. 그렇다면 필드로 나가기 전에 할 일은 연습장에서 열심히 스윙연습을 하는 것입니다. 그런데 대부분의 연수생들은 스윙연습에 해당되는 단어, 문법, 청취연습은 하지 않고, 어떤 골프장으로 갈까 하는 부분에 대해서만 고민을 하는 경우를 봅니다. 이는 단순히 부정적인 모습이라고만 쉽게 말 할 수는 없으며, 실패하는 어학연수의 매우 심각한 근본적인 요인이 되는 것이라 할 수 있습니다.

연수기관을 알아보고 선택하는 문제는 그리 오랜 시간이 걸릴 일이 되지 못합니다. 또한 이런 부분은 책임있는 구조를 가진 전문가들의 조언으로 짧은 시간 안에 해결할 수 있는 부분입니다. 저희 커뮤니티인 다음카페에 방문한 후 문의하면 학비보증의 책임 있는 구조와 무료수속으로 편안한 대행을 모두 받을 수 있습니다. 자신의 연수 전 모든 시간은 학업에만 충분히 투자할 수 있는 구조가 되는 것입니다.

그럼에도 불구하고 계속해서 정보만 알아보고 고민만을 지속하는 것은 학업을 하기 싫은 마음가짐과 자세에 대한 변명에 지나치지 않습니다.
세계적으로 가장 널리 읽히는 성공론 책인 스티븐 코비 박사의 '성공하는 사람들의 7가지 습관' 에 보면 "고민은 우유부단하게 만들고, 결단을 늦추고, 행동하지 못하게 하여 결국은 운명을 파괴한다"고 하였습니다. 실패하는 어학연수에 가장 중요한 요인 중의 하나가 바로 이 무용한 고민에 있다고 할 수 있습니다.

본인이 인터넷 등으로 알아 본다고 하여 더 정확한 정보를 얻을 수 있을 거라는 믿음은

전문가 사회에 반하는 허구일 가능성이 높습니다. 여기저기 경험담을 보기도 하지만,
신뢰하기 힘든 의도적인 글들을 많이 발견하기도 합니다.

중요한 것은 자신의 시간입니다.
연수 전 시간을 전폭적인 영어준비에 몰입하기를 바랍니다!
그것이 1주일이 되던 2달이 되던 기간의 차이는 없습니다. 그러한 학업자세를 조금이라
도 유지해 보는 경험을 갖는다면 연수생활에 있어서도 훨씬 도움이 될 것이고, 성공연
수의 가능성은 그만큼 높아지게 되기 때문입니다.

4 고독한 어학연수

이제껏 여러 내용에서 필리핀과 인도에서의 적절한 어학연수 형태에 대해서 알아보았습니다. 바로 절대적인 시간투자가 많이 필요한 몰입형 컨셉이라 할 수 있습니다. 이러한 컨셉의 어학연수를 성공적으로 실행하려면 생활에 있어서도 그 형식이 달라야 하는데, 바로 고독한 생활자세가 필수적이라 할 수 있습니다.

물론 어학연수 전체를 고독하게만 보내라는 것은 아닙니다. 어느 정도 언어적 자신감이 생기면 그때부터는 여러 생활 속에서 영어하는 기회를 적극적으로 이용하는 것이 중요하기 때문입니다. 하지만, 그 전까지의 생활에 있어서는 영어 '학습'과 영어 '사용'만을 반복해 집중하는 고독한 생활이 필요하게 됩니다. 특히 필리핀과 인도에서는 자신만의 학습시간이 많이 필요한 부분이기 때문에 고독한 생활이 되지 못하면 성공은 요원한 일이 될 수 있습니다.

주변을 둘러보면 어떤 한 분야에서 성공한 사람들은 하나도 빠짐없이 일정기간 고립된 생활을 지속한 이들임을 알 수 있습니다. 어려운 시험을 합격하든, 전문가로 성공하든, 예술가로 성공하든 마찬가지입니다. 모든 자잘한 인간관계, 자잘한 일상사들 다 챙겨가면서 성공한 이들은 드물 것입니다.

어학연수도 마찬가지입니다. 새로 만난 친구들과 '왜 이제야 만난거야, 앞으로 평생 연락하며 지냅시다. 등등' 환영식과 환송식과 각종 생일에, 한국에 있는 애인, 친구들 신경 쓰며, 연락 나눠가면서는 절대 필리핀과 인도에서의 어학연수를 성공할 수 없게 됩니다. 그런 일들에 시간과 에너지를 빼앗기면서 자신을 위한 전폭적인 시간투자를 하지 못하니 성공은 요원한 일이 될 수밖에 없는 것입니다.

그런 실패하는 생활을 하게 되면 남는 건 후회와 회한밖에는 없습니다. 고독하지 못했던 천박했던 자신에 대한 실망감만 남게 됩니다. 더 나은 내 자신을 위해서 어학연수에 시간과 비용을 투자했지만, 또 다른 좌절감 외에는 얻은 것이 없게 되는 것입니다.

연수 시 사귄 친구들, 애인들과의 관계가 연수 이후까지 지속되는 것을 이제까지 거의 본 적이 없습니다. 사회진출을 앞두고 있는 어학연수생들이 이후 생활에서 학창시절 친구들도 챙기기 어려운 상황일텐데 어학연수 때 알게 된 이들까지 관계를 유지하는 경우는 거의 없기 때문입니다.

물론, 연수생활하면서 다른 사람들에게 적대감을 갖고 말조차 나누지 말고 지내자는 의미는 아닙니다. 서로 존대하며 인사 나눌 정도면 충분합니다. 절대 어울려 흥청망청해서는 안 됩니다. 지금의 어학연수 시간은 여러분들의 미래를 대비하는 가장 중요한 시간들인 것입니다. 지금 시간을 헛되이 보내서는 그 불성실에 대해서 이후에 반드시 날라 올 계산서를 감당할 수 없게 됩니다. 세계화 시대에 영어에 대한 능력 없이 경제적 삶에 있어서 성공한다는 것은 심히 요원한 일이기 때문입니다.

서구권 국가에 가서도 한국학생들과는 가급적 아는 정도만 지내고, 영어를 사용하는 관계에 있어서 적극적이어야 합니다. 특히나 한국연수생들이 거의 대부분인 필리핀, 인도에서는, 그리고 거의 3개월 내외의 길지 않는 시간을 보내는 필리핀, 인도에서는 고독한 생활을 꼭 명심해 주어야 하며, 충분히 그렇게 지켜내실 수 있습니다.

고독은 여러분들의 미래를 위해 투자하는 지금의 순간, 순간이 늘 충만한 생활로 가득 찬다는 것을 의미합니다.

5 주중 외출금지

필리핀과 인도 어학연수의 성공노하우에 대해서 예습에 대한 전폭적인 시간투자, 고독한 어학연수 등 여러 가지 언급을 드렸습니다. 이러한 생활방식이 단순한 구호에 그치지 않으려면 생활에 있어서 지켜야 할 규칙을 본인 스스로 만들고 꼭 지키는 자세가 필요하다 할 수 있습니다. 그 중 하나가 바로 주중 외출금지의 규칙입니다.

실제 예습이라는 영어학습과 수업이라는 영어사용을 성실히 한다는 것은 하루 대부분의 시간을 영어만 학습하고 영어만 사용한다는 의미가 됩니다. 이러한 생활을 실천하게 되면 학업, 취침, 식사 시간 등을 보내는 것만으로도 물리적으로 외출할 시간을 가질 수가 없게 됩니다.
따라서 주중 외출금지는 성실한 연수생활의 당연한 결과물이 되기도 합니다.

특히 필리핀의 경우 관광산업의 발달로 인해서 유흥환경에 대한 접근성이 상당히 높은 곳이라 할 수 있습니다. 외출을 하게 되면 자연스레 유흥에 빠지는 경우가 많은데, 유흥생활에 빠진다는 것은 어학연수의 실패 뿐만이 아니라 인생전체의 실패를 불러 일으킬 수 있는 아주 심각한 문제를 야기시킬 수 있습니다. 또한 자신의 불성실로 다른 학생들의 학업분위기도 망치게 되어 타인의 삶에도 막대한 피해를 줄 수 있습니다.
모두들 인생의 가장 중요한 시기에, 자신에게 가장 중요한 투자를 하는 것이 어학연수입니다. 서로 노력하여 건전한 학업분위기 형성을 위해서 노력하여야 할 것으로 생각됩니다.

인간의 의지가 약한 만큼 무엇을 하지 말아야지, 말아야지 하는 부정적인 의지로는 목표를 달성하기가 어렵습니다. 따라서 가장 좋은 것은 영어에 시간을 몰입하여 자연스레 주중외출에 대해서 개념조차 없는 생활을 하는 것입니다. 그것이 어렵다면 부정적인 의지지만, 주중 외출을 안하겠다는 목표를 세워 보십시오. 그렇게라도 지켜 나간다면 그만큼 생산적인 일에 시간을 더 투자할 수 있게 되는 것입니다. 특히나 필리핀으로 연수를 가는 분들은 다른 어떤 목표보다도 중요하게 생각해야 할 부분입니다.

스트레스를 해소하고픈 시간들을 갖고자 한다면, 다음날 수업이 없는 금요일과 토요일만으로도 아주 충분한 외출시간을 가질 수 있을 것입니다. 하지만, 다음날 수업이 있는 주중에는, 더 구체적으로 일요일부터 목요일까지는 외출금지를 꼭 실천하기를 조언 드립니다.

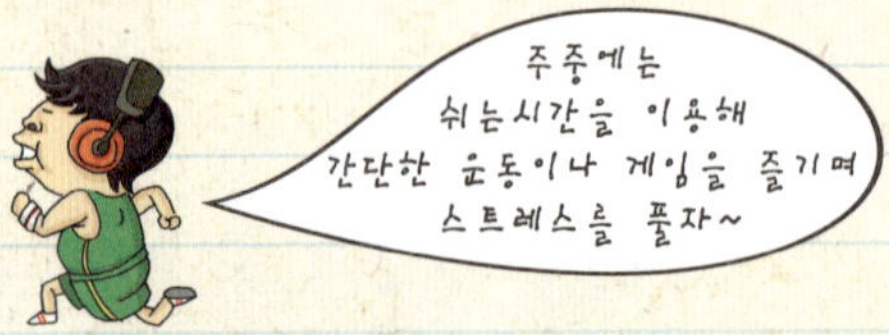

6 1:1 수업과 그룹수업의 병행

1:1 수업에 대해서는 이전의 내용에서도 자세히 살펴보았습니다. 여러 측면에서 필리핀과 인도 어학연수에서 핵심적인 사항이라 할 수 있는 가장 중요한 수업형태라 하겠습니다. 그런데 이러한 1:1 수업이 강조되다 보니 필리핀이나 인도에서는 1:1 수업만으로 수업을 진행해야 하는 것으로 오해를 하는 경우를 간혹 보게 됩니다.

하지만, 인간의 발전은 어느 경우에나 마찬가지지만 경쟁과 자극, 시기심이 발전의 중요한 요소가 된다고 할 수 있습니다. 누구나 가만히 홀로 존재하면서 더 노력하는 경우는 있을 수 없습니다. 내가 몸담고 있는 분야에서, 관계에서 나의 경쟁자가 앞서 나가는 것을 보면서 자극과 심지어는 시기심을 느끼면서 더 스스로를 채찍질하게 되는 것입니다.

1:1 수업은 여러 면에서 장점이 많지만, 경쟁심과 일정한 형식적 규율을 갖는 측면에서는 부족한 면이 있습니다. 내가 어느 정도 성장하고 있는지, 열심히 하고 있는 것인지, 불성실한 것은 아닌지 파악하기 쉽지 않고, 또한 강사와 비교적 빠른 시간 안에 친해지기 때문에 과제 등을 안해도 쉽게 생각하고 넘어갈 수 있는 형식적 규율이 약한 측면이 있습니다.

하지만 그룹 수업은 과제를 하지 못했을 경우 남들 앞에서 창피함을 느낄 수 있고 남들에게 방해를 준다는 부담감이 있기에 형식적 규율이 존재할 수 있고, 남들이 하는 것을 보면서 자신의 상황을 파악해 볼 수 있는 장점이 있습니다. 무엇보다 위에 언급한 대로 발전을 위한 경쟁심과 시기심을 충만히 가질 수 있습니다. 프리젠테이션 기회라도 갖게 되면 준비도 만만치 않고 그만큼 학습량도 자연스럽게 높아질 수 있습니다.

따라서 너무 1:1 수업에만 의존하지 말고, 그룹 수업을 병행해서 적극적으로 활용해 보는 것이 좋은 방법입니다.
그리고 항상 결심해 보아야 합니다. '어학연수시 주변의 그 어떤 누구보다도 내가 최고
로 열심히 하는 사람이 되겠다고...'

좋고 나쁘고를 떠나서 발전의 가장 큰 동력은 같은 그룹 안에서의 경쟁심과 시기심이
되기 때문에 그러한 정서도 적절히 이용하는 것이 현명한 일이라 할 수 있습니다.

7 영어일기 하루도 빠짐없이 쓰기

영어일기는 그날의 생활에 대해서 영어로 정리를 해보게 됨으로써 생활 속의 영어학습을 구현하는데 매우 유용한 방법이라 할 수 있습니다. 또한 영어일기 쓰기는 자신이 표현하고자 하는 영문에 관한 호기심 유발, 그날그날 배운 것을 일기에 활용해 보는 복습효과, 또한 보다 영어를 잘 하고자 하는 동기유발 등 영어에서 성공하기 위한 매우 훌륭한 습관이 됩니다. 영어일기 쓰기를 결심을 하다가도 금세 포기를 하게 되는 경우가 많은데, 문장을 만드는 능력이 매우 부족하고, 또한 자신의 문장에 대해서 오류나 또 다른 표현방법에 대해서 지도를 받기 어렵기 때문인 경우가 많습니다. 이렇듯 영어일기 쓰기는 혼자만의 학습에서는 쉽지 않은 측면이 있습니다.

그런데 필리핀과 인도에서는 1:1 수업이 가능하고, 자신이 쓴 영어일기에 대해서 1:1 강사에게 교정을 받아보고 정확한 표현에 대해서 체크를 받을 수 있게 됩니다. 영어일기를 습관화 시키면서 좋은 도구로 이용하기에는 가장 좋은 형태의 어학연수 환경이라 할 수 있습니다. 따라서 필리핀이나 인도에서 영어일기 쓰기를 반드시 습관화해 본다면 그것만으로도 매우 훌륭한 성과가 되리라 생각합니다.

처음에는 아주 단순한 문장만으로 이루어진 일기가 되겠지만, 시간을 거듭하면서 고급 문장들도 많이 출현하게 됩니다. 이후 한동안 연수시간이 흘러 영어실력이 늘어나는지에 대한 회의감으로 인해 슬럼프를 겪게 된다면 지난 일기를 펼쳐 다시 읽어보면서 자신의 실력향상이 이루어지고 있음에 대해서 희망을 느껴볼 수 있게 됩니다.
아울러 일기라는 하루를 반성하는 도구를 통해서 하루의 생활에 대해서 나름의 점수도 매겨 보면서 성공에 대한 의지와 자극을 유지시키는 측면에서도 큰 도움이 될 수 있을 것입니다.

8 성취해야 할 목표들

어학연수는 대학 등 정규과정처럼 학점으로 결과가 남는 것도 아니며, 특정 점수 이상을 취득해야만 수료나 졸업이 인정되는 인증과정도 아닙니다. 그냥 일정 기간 참여만 하면 어느 곳이던 그 자체로 수료증을 받게 되는 느슨한 과정이라 할 수 있는데, 이는 실패하는 어학연수의 가장 중요한 구조적 요인이라 할 수 있습니다. 이러한 구조로 인해서 많은 연수생들이 수업 이후의 시간을 무료하고 게으르게 보내는 경우도 많이 보게 됩니다.

따라서 성공어학연수를 위해서는 자신만의 목표를 명확히 하는 것이 매우 중요합니다. 목표라는 것은 구체적이어야 하며, 이는 측정 가능한 것이어야 한다는 것을 의미합니다. 마치 우리가 흔히 즐기는 컴퓨터 게임과 근본적으로는 다름이 없는 방식이라 보면 됩니다. 인터넷 고스톱을 친다고 하더라도 사이버 머니를 더 얻는 것에 목적이 있기 때문에 하는 것이지 아무런 결과물도 없다면 재미가 없을 것입니다. 아주 단순한 게임인 지뢰찾기도 찾는 시간을 단축시키고자 하는 목표가 있어야 하는 것이지 그런 것이 없이는 흥미를 갖기 어려운 것과 같습니다.

마찬가지로 어학연수에 있어서도 여러분들이 획득할 공인영어능력 시험의 점수나 전문과정의 학위증 등 구체적인 목표를 갖게 된다면 훨씬 생동감 있게 다가오고, 훨씬 더 노력할 수 있게 됩니다.

필리핀, 인도에서의 어학연수에서 성취할 목표에 대해서는 두 가지로 바라볼 수 있습니다. 만일 서구권으로 연계연수를 간다면 수치적인 목표는 서구권에서 도전하게 될 IELTS, Cambridge, TOEFL 등의 획득점수로 설정해 보도록 하고, 대신, 필리핀과 인

도에서는 서구권으로 갔을 때 처음 받게 되는 레벨테스트에서 가장 상급레벨에 들어가
겠다는 것을 목표로 하면 좋습니다. 처음부터 Advanced 레벨에 들어갈 수 있도록 하겠
다는 목표를 갖는 것입니다.

서구권 연계연수를 하지 않고, 필리핀, 인도만의 단독 연수를 하신다면 연수 전과 연수
후의 TOEIC 이나 TOEFL 점수의 향상으로 결과를 측정해 봄이 좋습니다.
어학연수가 시험과정만을 목적으로 하는 것이 아니겠지만, 영어능력이 향상되게 되면
자연스럽게 시험영어에서도 좋은 점수를 얻을 수 있게 되고, 또 이러한 시험점수는 취
업에 있어서도 매우 유용한 여러분들의 스펙이 되기 때문입니다. 보통 3~6개월 정도 성
실히 하시면 TOEIC 8~900 점대는 성취할 수 있습니다.

아래는 어학연수를 통해서 목표한 시험과정을 패스한 학생의 경험담 일부분입니다.
여러분들도 이와 같은 성취감과 기쁨을 꼭 느껴 보길 기원 드립니다.

캠브리지 시험을 목표로 하였고, 합격이라는 결과를 얻었습니다. 그 기쁨, 성취감
은 이루 말로 표현할 수 없이 컸습니다. 누군가에게 인정 받는다는 것, 외국에서
열심히 공부한 후 그것이 헛되지 않았다는 느낌, 그런 것들을 저 뿐만 아니라 꼭
여러 사람이 경험하였으면 좋겠다는 생각이 듭니다.

9 연계연수시 주의사항들

많은 분들이 필리핀, 인도 어학연수를 서구권과 함께 연계하는 패턴으로 가기 때문에 연계연수시 유의해야 할 부분과 제대로 이해되어야 할 부분에 대해서 정리해 보도록 하겠습니다.

●● 언어관계의 변화

필리핀과 인도에서는 심리적으로 편안한 언어관계를 갖게 됩니다. 내 얘기를 경청해 주고, 나에게 호감을 갖으며, 그들 사이에 섞여 있을 때 어떤 면에서는 나를 존경스런 표정으로 바라보는 듯한 생각마저 갖기도 합니다. 하지만, 서구권에서는 그런 언어관계를 기대할 수 없게 됩니다. 친절하게 내 얘기를 경청해 주는 사람들도 많지 않으며, 오히려 부족한 영어에 상처를 받게 되는 순간들을 경험할 수도 있습니다. 이러한 언어관계의 변화에 대해서 미리부터 잘 파악을 하고 있어야 합니다. 필리핀이나 인도에서의 습관대로 생활해서는 괴리감을 많이 느낄 수 있기 때문입니다. 이는 별로 긍정적이지는 않은 개념이지만, 현실적으로 세계적인 인간관계에 있어서, 문명권 간의 또는 경제적 수준간의 약간의 서열적 의식의 관계가 존재하기 때문이라고 할 수 있습니다.

●● 교실 '안'의 영어 환경과 교실 '밖'의 영어 환경

필리핀이나 인도에서 열심히 하다보면 언어에 대한 자신감을 빠른 시간 안에 얻게 되기도 합니다. 그로 인해 필요이상의 오만한 자신감을 갖게 되는 경우도 있는데, 이러한 정서는 서구권에 도착하여 매우 빠른 속도의 거리 영어를 듣게 되면서 여지없이 무너지는 경우가 있습니다. 이때 필리핀이나 인도에서 영어를 헛배운 것이 아닌가 하는 생각을 갖게 되는 경우가 있는데, 이는 교실 안 영어 환경과 교실 밖 영어 환경의 차이라고 보면 됩니다.

배우고 익힌 것들은 어디로 사라지는 것이 아닙니다. 따라서 서구권 도착했을 때 처음 느끼게 되는 괴리감에 대해서 적절한 이해를 갖는 것이 좋으며, 작은 자신감에 쉽게 도취되지 말고 더 빠른 영어에 대한 연습도 게을리 하지 말고 노력하는 것이 좋습니다.

●● 리턴은 별로 긍정적이지 못합니다.

필리핀이나 인도에서는 기숙사에서 세탁, 청소도 해 주고 여러 가지 요구사항에 친절한 안내도 받게 됩니다. 그러다가 서구권에 가면 생활도 직접 챙겨야 하고, 나를 중심으로 이루어지는 생활이 아니기에 여러 생활에 불편함을 많이 느끼게 됩니다. 게다가 위에서 언급한 언어관계에서의 심리적 불편함도 느끼게 되면서 처음 지냈던 필리핀이나 인도를 그리워하는 학생들을 많이 보게 됩니다. 그러다 급기야는 다시 예전에 지냈던 필리핀이나 인도로 돌아가는 학생들도 꽤 많이 생기는 듯 합니다. 필리핀이나 인도에는 이러한 서구권에서 리턴한 학생들을 많이 보게 되기도 합니다. 하지만 이는 그리 긍정적이지는 못합니다. 편안하게 학업하고 연습하는 것은 필리핀이나 인도가 더 좋겠지만, 이제는 영어권 국가의 문화를 경험하면서 언어실력을 늘이는 것이 더 중요한 시기가 되었기 때문입니다. 우리가 세계화 시대를 살아가면서 부딪히고 경쟁할 이들이 서구 선진국 친구들인데 생활의 편리함이 예전만 못하고, 나에게 대하는 태도들이 예전만 못하다고 다시 편안함을 추구해 가는 것은 어학연수의 본질적인 목적에 반하는 결정이 된다고 할 수 있습니다.

필리핀과 인도에서의 어학연수 이후 서구권으로 향해 가실 분들에게 잘 이해가 되어야 할 사항으로써 성공연수에 참고가 되었으면 합니다.

10 문화적 체험들, 취업하기

어학연수의 가장 실질적이며 최단기적인 목표는 취업을 준비하는 것에 있다고 할 수 있습니다. 그만큼 글로벌 의사소통 능력이 취업에 중요한 요건이 되어가고 있습니다. 그런데 여기에 덧붙여 주목해 볼 수 있는 것은 최근 취업에서의 트렌드를 보면 지원자의 다양한 글로벌 경험에 대한 비중이 갈수록 높아가고 있다는 것입니다.

어떤 연수 경험자의 경우 국내 최고의 금융기관에 입사를 하게 되었는데 면접시 인도어학연수와 인도에서 하루에 7,000원을 갖고 여행했던 경험에 대해서 질문을 받게 되었다고 합니다. 그 학생의 경우 나름대로 인도 경제전망과 여행경험에 대해 면접 준비도 하였고, 입사를 성공적으로 하게 되었다고 합니다.

또 다른 연수 경험자의 경우 필리핀에서 연수 중 고아원 봉사활동을 하였는데 이런 부분에 대해서 면접 시 질문을 받았고 좋은 인상을 주게 되었다고 합니다.

보통 면접을 볼 때 대부분 '우리 회사에 왜 입사를 하려 하는가?' 같은 일반적인 질문들을 받게 되는데 자신만의 독특한 해외경험에 대해서 질문을 받는 것 자체로도 플러스 요인이 된다고 볼 수 있습니다.

해외경험은 그 자체로 지원자의 진취적 기상과 적극성, 모험심을 평가하는 잣대가 되는 것이기 때문입니다.

취업준비시 서류심사에서는 어학연수시 성취한 공인영어능력시험 2개(TOEIC +

TOEFL or IELTS or Cambridge) 정도, 어학연수시 획득한 전문분야 Diploma나 Certificate이 도움이 된다면, 이후 면접에서는 해외에서 생활한 적극적인 경험이나 활동 등이 매우 큰 도움이 된다고 할 수 있습니다.

따라서 연수생활을 열심히 하면서 주말을 이용해서나, 또는 연수 이후에 남는 일정한 시간을 이용하여 호기심과 주목을 받을 수 있는 좋은 경험들을 많이 해 준다면 취업에 준비하는 가장 효과적인 어학연수가 되리라 생각합니다.

물론 여행이나 활동은 안전하게 이뤄질 수 있도록 준비를 잘 하여야 하며, 봉사활동 등은 학원으로부터 정보 등 도움을 얻을 수도 있습니다. 또한 경험자체도 중요하지만, 그것들을 세련되게 잘 포장하고 의미부여 할 수 있도록 지식적으로 잘 정리를 해 보는 것도 중요하다 할 수 있습니다.

11 연수 이후 Follow up 하기

대학시절 한 친구의 이야기입니다. 언젠가 방학때 필리핀으로 2달이라는 짧은 기간의 어학연수를 다녀온 이 친구는 이후 몰라보게 달라지기 시작했습니다. 거의 귀에 이어폰을 꽂고 있는 모습이고, 공강시간에는 도서관에만 있고, 영어회화 동아리 생활에 열심이었습니다.

어느 날인가는 함께 노래방을 갔는데, 남이 노래를 할 때 노래방 영상화면에 나오는 가사를 무조건 영어로 즉석 영작연습을 하는 것이었습니다. 당연 TOEIC 점수도 매우 높게 나오게 되었고, 취업에도 성공적인 결과를 얻었습니다.

이 친구가 그렇게 생활이 달라지게 된 계기는 바로 짧은 어학연수 기간에 있었습니다. 어학연수를 갔는데, 하고 싶은 말은 머리와 가슴 속에 가득한데, 막상 말이 나오지 않으니 정말 답답해서 미칠 뻔했다고 합니다. 여행 중에 좋은 친구들을 만났는데, 영어가 안 되니까 친해지기도 어렵고, 영어만 잘 한다면 정말 친해질 수 있었다는 생각에 가슴이 아프기도 했다고 합니다. 짧은 기간이었지만, 그 친구의 경우는 매우 성공적인 어학연수를 다녀온 것이라 할 수 있습니다. 그 성공의 의미는 연수생활에도 있겠지만, 연수시에 받은 수많은 자극을 어학연수 이후에 훌륭하게 실행하게 된 것에 있다고 할 수 있습니다.

여기에서 우리는 어학연수를 다녀온 후의 After Service가 얼마나 중요한지에 대해서 생각해 보아야 합니다. 그 어학연수가 성공이었는지 아니었는지는 사실 연수가 끝나는 시점에서 판단할 것이 아니라, 그 이후의 학습을 유지하면서 진정으로 판단할 수 있는 부분일 것입니다.

어학연수 기간에 어마어마한 자극과 동기유발을 겪음에도 불구하고, 사실 많은 분들은 시간이 흘러감에 따라서 서서히 그러한 것들을 잊는 것이 현실입니다. 시간이 없다는 이유도 있고, 또 바쁜 생활을 해야 하는 분들에게는 그러한 변명이 일정한 근거를 가질 수도 있습니다. 하지만, 꼭 영어공부에 투여되는 시간의 양으로만 따질 것은 아니며, 조금의 시간이라도 꾸준히 습관적으로 투자할 수 있느냐가 중요한 것입니다.

어학연수를 막 끝내고 귀국할 때, 끝이 아니라 이제부터가 시작이라고 생각해 보십시오. 어학연수 중에는 작은 자극수첩을 하나 준비해서 영어를 못함으로 인해서 겪어야 했던 치욕, 아쉬움, 속상함에 대해서 그때그때 꼭 메모를 해 보는 것도 좋은 방법입니다. 연수 이후 느슨해지려는 자신을 다시 세우는 소도구로서 그 메모를 수시로 읽어보도록 하는 것입니다.

연수 후 Follow up을 하는 방법에는 여러가지가 있을 수 있습니다. 영어학원, 영어회화 소모임, 외국인 자원봉사, 영자신문, 영화나 드라마 보기 등입니다. 자신의 상황에 맞는 것으로 택해 보도록 하며, 시간이 부족한 경우에는 전화영어를 해보는 것도 좋은 방법입니다.

대부분의 Follow up이 실패하는 이유는 학습시간과 학습의 습관을 지속적으로 유지하지 못하기 때문인데, 전화영어는 그런면에서 짧은 시간투자로 큰 효과를 얻을 수 있고, 하루 10분 정도 전화를 받기만 하면 되기 때문에 습관을 자연스럽게 이어나갈 수 있는 좋은 방법이기도 합니다. 많은 이들의 Follow up의 경험을 지켜보면서, 지속적인 전화영어로 큰 성취를 이루는 경우를 많이 보고 있습니다. 또한 연수 전에도 진행해 본다면 연수를 준비하는 입장에서 1:1 수업에 대한 워밍업으로 훌륭한 자극을 얻으실 수 있으리라 생각합니다.

●● 시중에 수많은 전화영어 회사가 있는데 품질에는 큰 차이는 없습니다.
(주)잉글리쉬토피아에서 (www.englishtopia.com)에서 본 도서 독자에게 50% 할인을 협찬 제공합니다.
관심 있으신 분들은 참고해 보십시오.

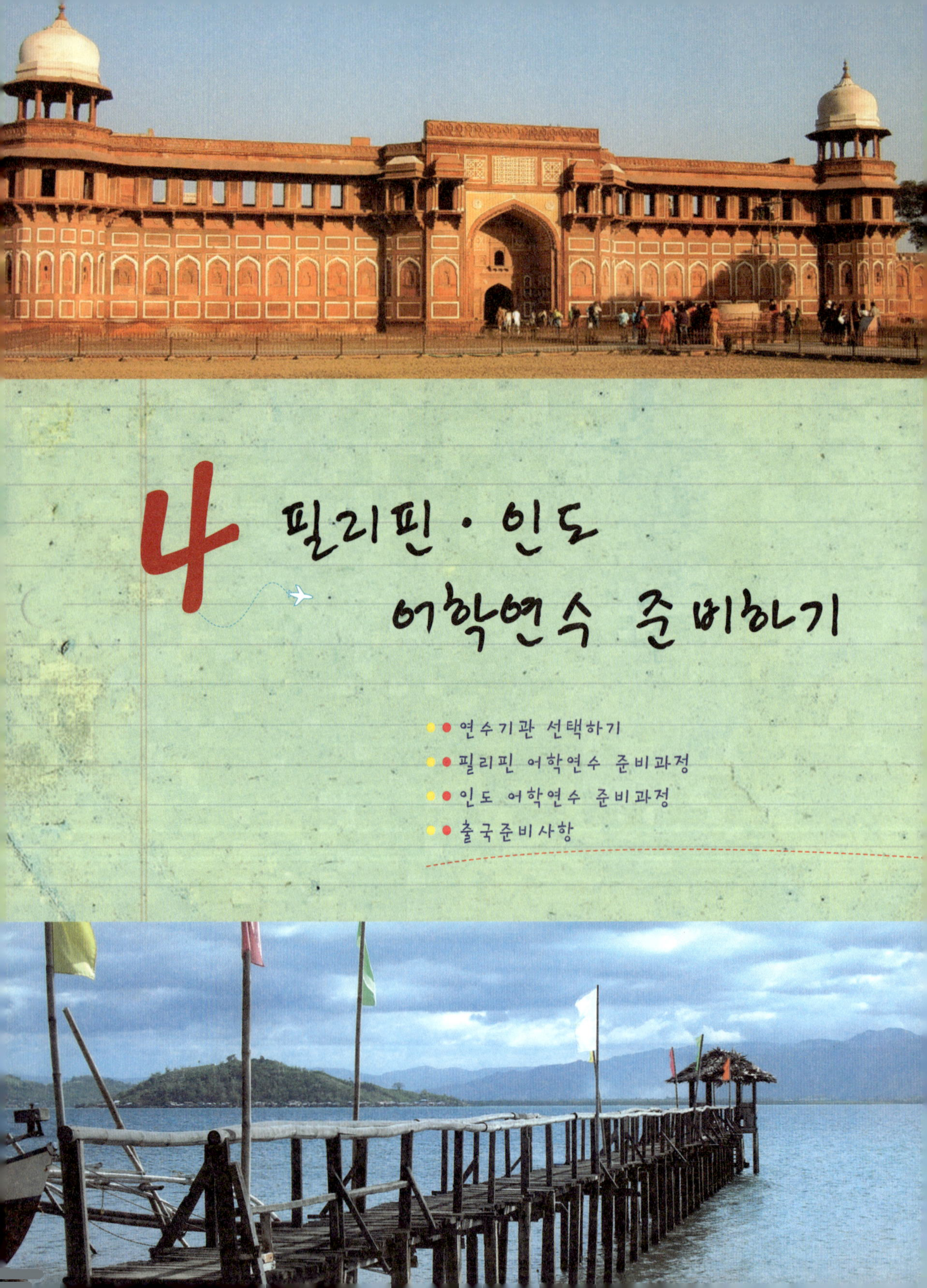

4 필리핀·인도 어학연수 준비하기

- 연수기관 선택하기
- 필리핀 어학연수 준비과정
- 인도 어학연수 준비과정
- 출국준비사항

연수기관 선택하기

이제 필리핀이나 인도에서 몸담고 공부할 연수기관을 선택하는 일에 대해서 생각을 해보도록 하겠습니다. 연수기관 선택시 서구권 국가들의 경우에는 중급 이상의 평판이라면 어느 곳을 가더라도 크게 무리가 없는 선택이 됩니다. 선진국 시스템에 의해서 연수기관도 국가에서 관리가 잘 되기 때문입니다. 예를 들어 행여 연수기관이 재정적 사항으로 인해서 문을 닫는 일이 생긴다 하더라도 국가에서 남은 학업기간에 대해서 타 연수기관으로 옮겨 학업을 마칠 수 있도록 보증을 해주고 있습니다.

하지만 서구 선진국과 달리 아직 선진적인 시스템이 갖춰져 있지 않은 필리핀과 인도에서는 연수기관 선택이 연수의 성패에 영향을 미칠 만큼 대단히 중요한 요소가 되고 있습니다. 학원선택이 잘못되면 여러 면에서 성공연수를 할 수 없는 장애요소가 발생하기도 합니다.

학원을 선택하는 방법에는 여러 방법이 있겠지만, 가장 좋은 방법은 책임구조를 명확히 가진 전문가와 상담하여 해당 시기에 가장 운영이 괜찮은 곳으로 추천을 받는 방법이 좋습니다. 고민의 시간을 줄여주어 연수 전 학업에 몰입할 수 있게 하며, 실패의 가능성을 최대한 줄여주고, 행여 어떤 문제가 발생하더라도 책임을 지어줄 구조가 되기 때문입니다.

어학원 선택에 있어서 몇 가지 기본적인 고려사항은 다음과 같습니다.

●● 운영구조의 안정성이 있는가?

어학원 선택에 있어서 가장 중요한 사항이라 할 수 있습니다. 필리핀이나 인도의 경우, 가끔씩 학원이 소리소문없이 문을 닫는 경우가 발생하기도 합니다. 연수비용을 원화로 책정하는 구조라서 환율의 급격한 상승기에 그러한 일이 두드러지게 나타나며, 내부적으로 운영상의 문제가 있는 경우에 흔히 그런 일이 발생하기도 합니다.

물론 수속 대행업체를 통해서 책임제기를 할 수 있겠으나, 어학연수생에게 중요한 것은 항상 비용이 아니라, 시간이라 할 수 있습니다. 미래를 위한 소중한 투자의 시간을 본질적이지 않은 스트레스로 흘러 보내서는 안 될 것입니다.

특히 지나치게 할인을 하는 경우에는 어학원의 운영상의 문제이거나 또는 유학원의 운영상의 문제일 가능성이 높으니 작은 할인으로 전체 연수에서 시간을 허비하는 일이 없도록 하는 것이 현명합니다.

●● 강사진의 수준은 높은가?

필리핀과 인도의 경우 1:1 수업에 많은 것들을 의지하기 때문에 강사의 수준이 다른 무엇보다도 가장 중요한 부분이라 할 수 있습니다. 빌게이츠는 어떤 강연에서 '학교가 중요한 것이 아니라, 선생님이 중요하다' 라고 하면서 자신의 고교시절 훌륭한 선생님의 지도로 말미암아 자신이 수학을 열심히 하고 잘 하게 되었다고 얘기한 적이 있습니다. 그와 같이 좋은 선생님과의 인연은 자신의 삶을 바꾸어 놓을 수 있는 성공적인 계기가 되기도 합니다. 어학원에서 정식 교사자격능력이 있고 경험있는 강사진을 구비하고 있는지를 중요하게 체크해 보아야 합니다.

●● 기숙식 어학원 컨셉인가?

필리핀과 인도는 24시간 영어학습에 몰입을 해야 하기 때문에 기숙식 어학원이 적절한 선택이 됩니다. 숙소일체형 또는 숙소 근거리형의 기숙형 어학연수 환경이 잘 구비되어 있는지 체크를 해야 합니다. 아울러 한식 식사제공, 세탁, 청소, 기타 친절한 스탭환경 등이 잘 구비되어 있는지도 고려해 보아야 합니다.

●● 인증기관인지?

필리핀이나 인도에서는 국가적 차원에서 어학연수 기관을 서구권처럼 체계적으로 관리하고 있지는 못하지만, 국가인증 시스템은 운영되고 있습니다. 자신이 연수를 하러 갈 교육기관이 이러한 인증기관인지를 체크해 보아야 합니다. 흔한 경우는 아니지만, 인증기관이 아닌 곳에서 학업할 경우 불법체류자로 간주되는 경우가 발생할 수도 있습니다.

●●● 비용

연수비용은 연수의 형식을 선택하는데 있어서 가장 중요한 선택의 요소가 됩니다. 물론 비용이 저렴하다고 하여 제대로 학업하지 못할 곳에서 시간을 낭비하는 일은 고려 대상 조차 되지 못하지만, 동일한 수준인 경우에는 비용적으로 좀 더 저렴한 합리적인 곳을 선택하는 것이 좋습니다.

위의 사항은 아주 기본적인 체크사항이라 할 수 있습니다. 이외 자신이 원하는 컨셉에 맞는 디테일한 부분도 함께 고려를 해서 선택을 하면 됩니다.

연수기관 선택에 있어서 지나치게 많은 고민의 시간을 보내는 분들이 있는데, 그러한 고민은 연수 전 영어학습에 성실히 임하지 못하게 함으로써 실패하는 어학연수의 매우 본질적인 이유가 되고 있습니다.
어학연수는 대학처럼 어떤 대학을 졸업했는가로 인정받는 '형식' 이 중요한 대상이 아니라, 얼마나 영어를 잘 하게 되었는가 하는 '내용' 이 중요한 대상입니다. 따라서 연수기관이라는 '형식' 에 대한 고민은 결론도 명확히 날 수도 없으며, 큰 의미를 가질 수 있는 사항도 아닙니다.

건전한 전문가의 도움과 함께 운영이 안전하고 좋은 강사진, 좋은 환경을 갖춘 곳으로 길지 않은 시간 안에 선택해 보시기 바랍니다.

●● 필리핀과 인도 어학연수 상담 및 무료수속 대행 등은 아래 문의처를 참고해 보시기 바랍니다.

어학연수 꼭 성공하기 사무소(학비보증제도 운영) • 홈페이지 http://cafe.daum.net/uhakadvice
서울종로 02-723-2966 • 서울강남 1588-0536 • 부산 051-610-1178 • 대구 053-424-1279
광주 062-236-1179 • 대전 042-822-2220 • 청주 043-268-9900

필리핀 어학연수 준비과정

필리핀 어학연수는 한국에서 별도의 비자발급 과정이 없습니다. 따라서 연수기관 선택과 항공권 구입만으로 매우 빠른 출발을 할 수 있습니다. 항공좌석이 여유 있는 비수기라면 1~2주 내에도 준비 및 출국이 가능합니다. 일반적으로는 2~3개월 정도 전에 등록 준비를 하는 것이 좋습니다. 다음은 필리핀 어학연수의 일반적인 준비과정입니다.

지역 및 연수학원 선정

연수할 지역과 학원을 결정하는 과정입니다. 보통 인기기관은 3개월 전부터 마감되는 경우도 많으니, 여유 있게 선택 및 등록을 하는 것이 좋습니다. 필리핀 학원들은 일부학원을 제외하고는 거의 매주 월요일 입학이 가능합니다. 따라서 출국시기는 유연하게 결정할 수 있습니다.

여권만들기

해외에 나가기 위해서 필수적인 사항이니 시기와 관계없이 미리 준비해 두어야 합니다.

등록금 납입 및 입학신청

어학원을 결정하면 등록금(보통 10만원 정도)을 납입하고, 대행업체에서는 원하는 날짜에 어학원에 입학신청을 해두어 자리를 예약해 둡니다.

지역과 입학일이 결정되면 가급적 일찍 예약을 해 두는 것이 좋습니다. 일부 성수기 시즌에는 항공권을 구하지 못하는 경우도 있습니다. 본인이 직접 준비해도 되고 대행업체를 통해서 할 수도 있습니다.

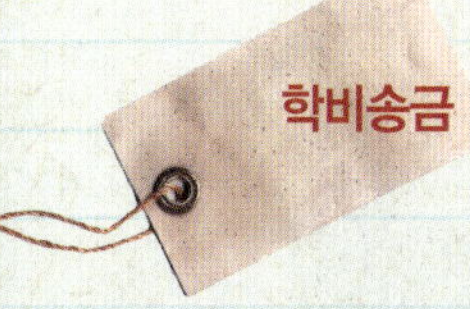

학원에서 발급된 INVOICE 를 확인하고 등록한 기간만큼의 학비와 숙식비를 송금하게 됩니다. 보통 개강일 기준으로 한달 이전까지 진행하면 됩니다.

항공권 발권까지 마무리되면 대행업체에 방문하여 오리엔테이션을 받습니다. 유의사항과 준비물 목록, 기내 입국허가서 작성, 픽업, 현지생활에 대한 안내를 받습니다. 이때 연수생활 중의 사고를 대비한 유학생 보험도 가입을 합니다.

비행기 출발 최소 2시간 전에 항공탑승을 합니다. 필리핀까지의 비행시간은 4시간 이내 소요되며 기내식 제공이 됩니다.

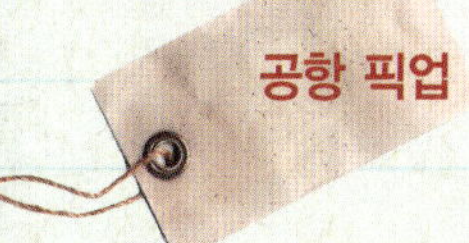

현지에 도착하면 픽업을 받습니다. 만일에 대비하여 한국 내 대행업체의 비상연락과 현지 비상연락을 가지고 갑니다.

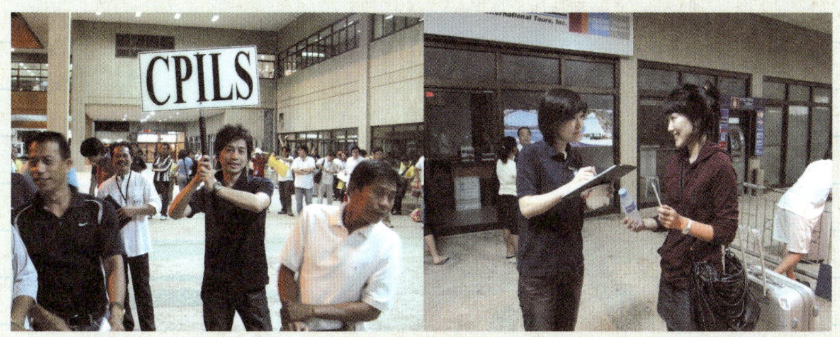

첫 월요일은 현지 학원에서 오리엔테이션을 받고 레벨테스트를 받습니다.
이후 반편성이 되며 수업에 참여하게 됩니다.

필리핀 학업허가증(Special Study Permit)을 초기에 받아야하며 매 한달
정도의 주기마다 비자연장을 해야 합니다. 대행은 현지 학원에서 해주며,
대행료는 학원에 납입해 주어야 합니다.

현지에서 발생할 수 있는 문제해결, 항공권 일정 변경, 학원 연장 등 필요한
도움에 대해서 대행업체에서 사후 관리를 받게 됩니다.

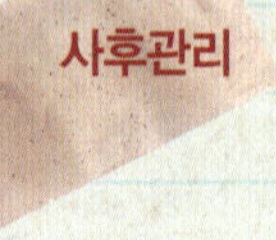

3 인도 어학연수 준비과정

인도는 6개월 이내 어학연수인 경우 한국에서 관광비자를 1회 발급받으면 됩니다. 비자 발급은 1박2일 소요됩니다. 이외 별도 준비사항이 없기 때문에 연수기관 선택과 항공권 구입만으로 매우 빠른 출발을 할 수 있습니다. 항공좌석이 여유 있는 비수기라면 1~2주 내에도 준비 및 출국이 가능합니다. 일반적으로는 2~3개월 정도 전에 등록 준비를 하는 것이 좋습니다. 다음은 인도 어학연수의 일반적인 준비과정입니다.

지역 및 연수학원 선정
연수할 지역과 학원을 결정하는 과정입니다. 보통 인기기관은 3개월 전부터 마감되는 경우도 많으니, 여유있게 선택 및 등록을 하는 것이 좋습니다. 인도 학원들은 일부학원을 제외하고는 거의 매주 월요일 입학이 가능합니다. 따라서 출국시기는 유연하게 결정할 수 있습니다.

여권만들기
해외에 나가기 위해서 필수적인 사항이니 시기와 관계없이 미리 준비해 두어야 합니다.

등록금 납입 및 입학신청
어학원을 결정하면 등록금(보통 10만원 정도)을 납입하고, 대행업체에서는 원하는 날짜에 어학원에 입학신청을 해두어 자리를 예약해 둡니다.

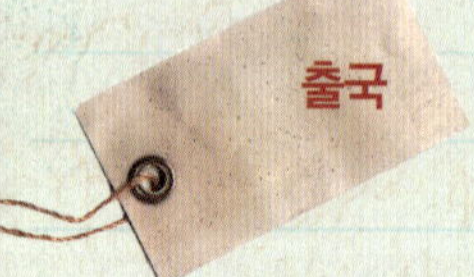

항공권 예약

지역과 입학일이 결정되면 가급적 일찍 예약을 해 두는 것이 좋습니다. 일부 성수기 시즌에는 항공권을 구하지 못하는 경우도 있습니다. 본인이 직접 준비해도 되고 대행업체를 통해서 할 수도 있습니다.

학비송금

학원에서 발급된 INVOICE 를 확인하고 등록한 기간만큼의 학비와 숙식비를 송금하게 됩니다. 보통 개강일 기준으로 한달 이전까지 진행하면 됩니다.

출국 오리엔테이션, 보험가입

항공권 발권까지 마무리 되면 대행업체에 방문하여 오리엔테이션을 받습니다. 유의사항과 준비물 목록, 기내 입국허가서 작성, 픽업, 현지생활에 대한 안내를 받습니다. 이때 연수생활 중의 사고를 대비한 유학생 보험도 가입을 합니다.

출국

비행기 출발 최소 2시간 전에 항공탑승을 합니다. 인도까지의 비행시간은 10시간 내외 소요되며 기내식 제공이 됩니다.

공항 픽업

현지에 도착하면 픽업을 받습니다. 만일에 대비하여 한국 내 대행업체의 비상연락과 현지 비상연락을 가지고 갑니다.

**현지 오리엔테이션
및 레벨테스트**

첫 월요일은 현지 학원에서 오리엔테이션을 받고 레벨테스트를 받습니다.
이후 반편성이 되며 수업에 참여하게 됩니다.

사후관리

현지에서 발생할 수 있는 문제해결, 항공권 일정 변경, 학원 연장 등 필요
한 도움에 대해서 대행업체에서 사후 관리를 받게 됩니다.

4 출국준비사항

출국준비사항으로 준비물 목록과, 현지 돈 관리, 기타 필요사항 등에 대해서 각 항목별
로 알아보도록 하겠습니다.

여권 유효기간이 6개월 이상 남았는지 확인해 보아야 합니다.

비자 인도의 경우 비자를 잘 받았는지, 영사의 싸인이 기재되어 있는지 확인해
봅니다. 필리핀의 경우 필요치 않습니다.

항공권 좌석상태가 OK되어 있는지 확인하고, 분실에 대비해서 복사본을 따로 보
관하도록 합니다.

환전 출국당일 공항에서 필리핀 페소나 인도 루피로 환전 가능합니다. 공항 은행
에 새벽이나 밤 늦게에도 운영을 합니다. 필리핀과 인도는 숙식비용까지 다
송금하고 가는 것이라 현금 준비가 많이 필요하지 않습니다. SSP 등 초기
내야 하는 비용이 있는 경우 그것과 별도로 10~20 만원 정도 환전해가면
됩니다.

국제직불카드

필리핀과 인도에서는 국제직불카드를 사용하게 됩니다. 인도의 경우 시티은행이 가장 보편적으로 많기에 시티은행에서 발급을 받는 것이 좋습니다. 필리핀의 경우 Cirrus 마크가 있는 것이 많은데 시중은행에서 대게 발급을 하고 있습니다. 마그네틱 손상에 대비해서 두장 정도 발급을 받습니다. 국제직불카드를 소지하면 한국에서 계좌이체로 입금해 놓은 금액을 현지에서 현금카드처럼 인출해서 사용할 수 있습니다.

신용카드

신용카드 사용이 일반화되었기 때문에 소지하면 유용하게 사용할 수 있습니다. 카드 오른쪽 밑에 Visa나 Master 로고가 붙어 있는 카드 등 해외에서 사용이 가능한 것이어야 합니다.

유학생 국제전화

해외에서 사용이 가능한 국제전화를 준비해 갑니다. 최근에는 인터넷 폰을 주로 많이 사용을 하곤 합니다.

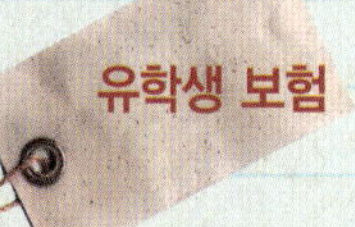

유학생 보험

만일의 경우를 대비해서 반드시 가입을 하는 것이 좋습니다. 6개월 기준으로 10~20만원 수준입니다.

서류/사진

인도는 한국에서 비자를 받기 때문에 별도 준비해 갈 필요가 없으며, 필리핀의 경우 초기 SSP 발급에 필요한 서류나 사진을 준비해 가도록 합니다. 학원별로 확인해 볼 수 있습니다.

전자사전

최근에는 거의 필수품이라 할 수 있습니다.

노트북

학원에도 공용 컴퓨터가 있어서 인터넷 사용이 가능합니다. 개별적으로 판단해서 준비해 가면 됩니다.

서적

개별적으로 필요한 교재나 서적이 있을 경우 준비해 가도록 합니다.

의류, 신발류

필리핀은 일년 내내 여름의류 위주로 준비하면 됩니다. 인도의 경우 10~2월의 경우 겨울철이니 가을의상과 겨울점퍼 하나 정도 준비해 가는 것이 좋습니다. 이외 기간은 여름 의류로 준비해 갑니다. 수영을 할 경우에는 수영복과 물안경을 준비해 가고, 모자, 샌들 및 별도의 실내화도 준비하는 것이 좋습니다.

세면용품

칫솔, 치약, 수건, 비누, 전기면도기, 드라이기 등 개별 세면용품은 준비해 가거나 현지에서 구입하면 됩니다.

안경, 선글라스

안경은 해외에서 만드는 것이 비싸거나 번거로우니 이전에 쓰던 것도 비상용으로 가져가도록 합니다. 선글래스도 준비해 갑니다.

화장품

한국에서 준비해 가거나 출국시 면세점을 이용해서 구입할 수도 있습니다.

재봉용구 손톱깎이 귀후비기

생활에 필요한 것이니 소형 휴대품으로 가져가도록 합니다.

소화제, 지사제, 연고, 두통약, 감기약 등 기본 상비약과 개인의 질병에 따라 복용하는 약은 준비해 가도록 합니다.

최근 핸드폰의 보급으로 손목시계를 거의 가지고 있지 않는 편인데 시계가 없으면 매우 불편합니다. 규칙적인 생활과 지각을 막기 위해서 자명종도 가져가는 것이 좋습니다.

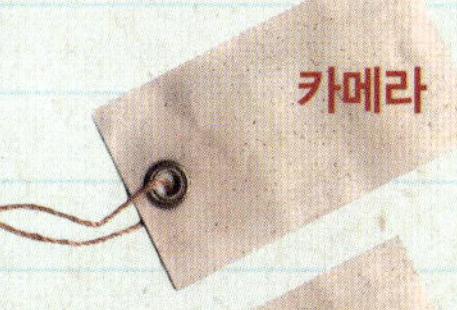

디지털 카메라로 많이 가져가는 편입니다.

수업이나 친구와의 대화 중 화제거리가 될만한 것들을 준비해 가도록 합니다. 가족사진과 한국에 대한 풍물의 각종 사진자료와 한국에서 이슈화되는 일들에 대해서 신문이나 웹사이트 스크랩 하는 것도 좋습니다.

반크 홈페이지(http://www.prkorea.com)를 통해서 한국홍보물을 전달 받을 수 있습니다. 한번 준비해 보도록 합니다.

자신을 소개할 독특하게 재미있는 명함을 준비해 놓으면 좋은 도구가 될 것입니다.

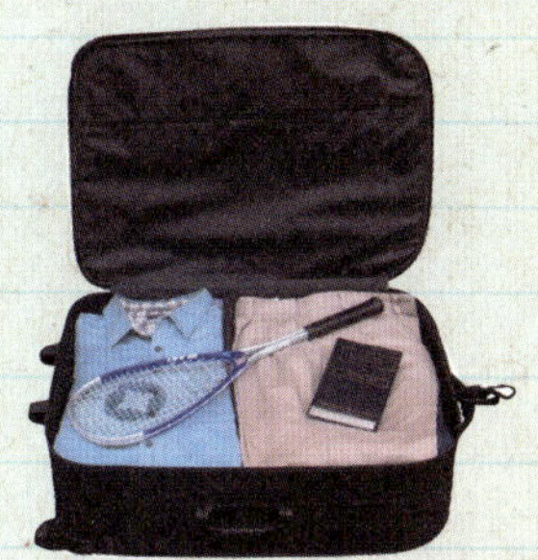

5 필리핀 알아보기

- 필리핀이라는 나라?
- 필리핀 주요도시들
- 필리핀 & 필리핀인들의 문화적 특징들
- 필리핀 생활의 이모저모
- 필리핀연수에서 학업 이외 활동들

1 필리핀이라는 나라? 

한 나라로 어학연수를 가면서 해당 국가의 기본적인 사항에 대한 지식을 갖추고 있지 못하다면 그곳에서 만나는 그 나라 국민들은 참 실망하게 될지도 모를 일입니다. 언어란 공유할 수 있는 화제꺼리, 공통된 지식을 기반으로 대화가 가능한 부분이니 가급적 필리핀에 대한 기본적인 지식은 연수 전에 습득해 보는 것이 좋습니다. 여기에서는 필리핀에 관련된 단편적인 사항에 대해서 몇 가지 사항을 열거해 보도록 하겠습니다.

한국과 매우 가까운 나라

필리핀은 우리의 생각 이상으로 한국과 가까운 이웃나라입니다. 항공으로 3시간 반~4시간 정도밖에 소요되지 않습니다. 이는 일본, 중국의 몇몇 도시 다음으로 가까운 거리라 할 수 있습니다. 또한 20만명이 넘는 많은 한국교민도 거주하며, 최근에는 해외여행지 중 한국인이 가장 많이 찾는 나라가 되었습니다. 따라서 필리핀에 가서 한국식당의 간판을 보는 일은 매우 흔한 일이며, 게다가 어학연수생들도 많아서 필리핀 사람들에겐 한국인들과 접하는 것이 낯설지 않습니다.

이렇듯 지리적, 인적으로 가까운 필리핀이라 교육, 은퇴, 영어콜센터, 여행 등등 여러 부분에서 필리핀은 한국의 최적의 아웃소싱 국가가 되어 간다고 할 수 있습니다.

인구, 인종, 종교

인구는 8,697 만명(2006년 기준)으로 인구수가 많은 나라입니다. 교육열도 높은 편이라 영어사용이 가능한 고학력자들이 많은 나라입니다. 인종은 스페인 통치시 혼열인 메스티조가 주요 기득권 세력을 형성하고 있습니다. 중국인 또한 필리핀에서는 경제적으로 영향력을 크게 발휘하고 있습니다. 종교는 카톨릭이 80% 이상이 차지하고 있습니다.

●● 언 어

여러 섬으로 이루어져 역사적으로 지방간의 교류가 많지 않았던 필리핀은 지방마다 다른 언어를 사용하며, 각기 다른 지방의 사람끼리는 의사소통이 안 되는 경우가 대부분입니다. 영어를 공용어로 사용하는 이유도 이에 기인한다고 할 수 있습니다. 주요 현지 언어는 마닐라 지역에서 사용되는 따갈로그어입니다. 이외 세부아노, 이롱고, 와라이와라이어 등이 있습니다.

●● 기 후

일년 내내 한국의 여름철 날씨입니다. 1~6월은 건기로써 년중 가장 더울 때가 5월 전후입니다. 대학 등 방학도 이때에 이루어집니다. 7~9월은 우기로써 비가 자주 옵니다. 연수시 여름의류만 준비해 가시면 되는데, 에어컨 사용이 보편적이기 때문에 영화관 등에 갈 경우에는 얇은 긴팔을 준비하는 것이 좋습니다.

●● 대 통 령

필리핀의 유명한 대통령은 마르코스를 들 수 있습니다. 경제성장 시기의 대통령이어서 아직도 필리핀인들에게는 향수의 대상이 되는 경우가 많습니다. 하지만, 부정부패로 권

좌에서 밀려났고, 이후 민주화의 상징인 아키노 여사가 대통령을 역임했습니다. 이외 라모스 대통령, 배우 출신으로 당선되었다가 부정부패로 물러난 에스트라다 등이 대통령을 역임했습니다. 현직은 글로리아 아로요 여사가 대통령을 역임하고 있습니다.

●● 국 토

7,000 여개의 섬으로 이루어져 있는데, 크게 세 구역으로 나눌 수 있습니다. 마닐라가 있는 루손섬, 여러 섬이 흩어져 있고 세부가 중심도시인 비자야 제도, 다바오가 있는 남부 민다나오섬입니다. 면적은 한반도의 1.3배 정도입니다.

●● 교 육 제 도

한국의 중학교에 해당되는 교육체계가 없으며, 초등 6년, 고등 4년, 대학 4년입니다. 대학생들이 참 어려보이기도 합니다. 방학은 년중 가장 더운 4~5월에 실시됩니다.

●● 역 사

필리핀이 세계사적으로 출현한 것은 마젤란의 발견으로 시작됩니다. 당시 스페인 국왕인 Philip의 이름을 따서 Philippines라는 국명이 생겼습니다. 한국 같았으면 예전에 바꿨을 국명인데 필리핀인들은 그러한 것들에 별다른 의미를 부여하지 않는 듯 합니다. 300여년간 계속된 스페인의 통치는 1898년 미국통치가 시작되며 끝맺습니다. 미국통치시기의 영향으로 인해서 필리핀의 영어사용이 보편화 되고 아시아의 '리틀 아메리카'라는 별칭도 얻게 되었습니다. 2차 세계대전시 잠시 일본의 지배도 받다가 1946년 자치정부를 수립합니다.

●● 1인당 GDP

2006년 기준으로 1인당 GDP는 1,297달러입니다. 빈부격차가 상당히 심한 나라여서 부자들의 소비수준은 상당합니다. 반대로 거리에 거지들이 넘쳐나기도 합니다.

●● 평 균 수 명

남자 66.9세, 여자 72.2세입니다.

2 필리핀 주요도시들

필리핀의 주요 도시들에 대해서 알아보도록 하겠습니다.

마닐라

"메트로 마닐라"라고도 불리는 마닐라는 루손섬 남서부에 있는 필리핀 최대의 도시이자 수도입니다. 다른 도시들과는 비교가 안 될 정도로 필리핀에서는 가장 큰 규모의 도시라 할 수 있습니다. 필리핀의 대부분 지역이 낙후되어 있지만, 마닐라 일부지역인 마카티시티 등은 오히려 서울보다도 더 세계화된 도시로서의 화려함과 활기참을 자랑하고 있기도 합니다. 하지만, 일부 지역을 제외하고는 낙후된 도시의 모습을 보이며 아시아 최대의 슬럼가가 위치한 도시이기도 합니다. 인구 1200 만명 중 대다수는 빈민 생활자들이며 부자들이 사는 고급빌리지 등은 외부인들을 통제하고 있는 등 빈부 차이가 많이 느껴지는 도시입니다.

필리핀 어학연수가 최초로 시작된 곳은 메트로 마닐라의 퀘존시티라는 곳입니다. 필리핀 국립대학(UP) 등이 위치한 교육도시이기도 한데 아직도 많은 어학원들이 운영되고 있습니다.

세부

세부는 필리핀 중부지역 비교적 작은 섬들이 흩어져 있는 비자야 제도의 중심 도시입니다. 인구 250만명으로 필리핀에서 스페인 통치가 가장 먼저 시작된 오래된 도시이기도 합니다. 아직도 스페인 통치시기의 성벽이나 기념비 등을 찾아볼 수 있습니다. "남쪽의 여왕도시"라고도 불리우는 세부섬은 에머럴드 빛 바다와 다양한 해양활동이 가능한 곳이며 여행지로도 매우 유명한 곳입니다. 세부섬이나 세부 앞 막탄 섬 등에 여러 유명한 리조트 등이 위치해 있기도

합니다. 필리핀에서 기숙형 어학연수 형태가 가장 먼저 설립되고 정착된 곳이며, 필리핀의 명문학원들이 많이 모여 있는 어학연수의 메카라고 할 수 있습니다.

바기오

마닐라 북쪽 산악지역을 6시간여 달려가 도착하는 도시입니다. 고산도시로서 필리핀의 다른 지역과 달리 서늘함을 느낄 수 있는 도시입니다. 인구는 25만명 수준이며, 마닐라 사람들의 허니문지역으로도 유명합니다. 필리핀이 가장 더운 시기에는 많은 이들이 바기오로 관광 등으로 방문하기도 합니다. 바기오는 필리핀 어학원 중 스파르타 형식의 어학원들이 많이 위치해 있는 곳입니다.

일로일로

일로일로는 세부 약간 위쪽에 비자야 제도의 파나이 섬에 위치한 도시입니다. 파나이섬의 경제적 중심도시이며, 인구는 60만명 수준입니다. 필리핀의 유명한 관광지인 보라카이 섬과 육로로 이동이 가능하여 많은 연수생들이 보라카이를 방문하고 있기도 합니다. 90년대부터 일찍이 어학연수를 많이 간 도시이며, 지금도 마닐라, 세부와 더불어 많은 어학원이 운영되고 있는 도시라 할 수 있습니다.

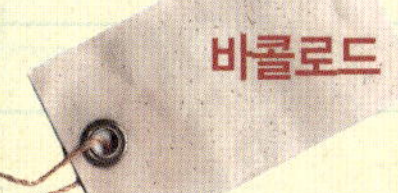

바콜로드

바콜로드는 세부와 일로일로 사이에 있는 네그로스 섬의 중심도시입니다. 필리핀 최대의 설탕생산지로 유명한 도시입니다. 일로일로와 더불어 중부 소도시로서 어학연수를 많이 가고 있는 도시입니다.

다바오

필리핀 남부지역의 큰 섬인 민다나오 섬의 중심도시입니다. 행정구역상의 면적이 세계적으로 가장 큰 도시로도 유명합니다. 민다나오 섬의 서쪽 끝 산악지역에 이슬람 반군이 얼마간 활동하고 있는 이유로 민다나오가 위험한 섬인 것으로 인식되어, 아직까지 외국인들의 진출이 다른 필리핀 도시에 비해서 많지 않은 편입니다. 실제 생활은 안전하며, 많지 않은 외지인으로 인해서 아직까지 친절한 필리핀 사람들을 느낄 수 있는 도시라 할 수 있습니다.

3 필리핀 & 필리핀인들의 문화적 특징들

필리핀은 아시아 국가의 행복지수 조사에서 늘 태국과 함께 1~2위를 다투고 있는 나라입니다. 한국인들의 경우 단지 경제적 수준만 고려하여 약간은 무시하는 정서를 갖고 있는 경우가 있으나, 행복이 삶에 있어서 가장 중요하고 본질적인 요소라는 것을 감안하면 단지 경제적 수준만으로 한 국가를 재단하는 것은 상당히 단순한 편견이라 할 수 있겠습니다.

필리핀은 인구 80%가 카톨릭을 믿고 있으며 대단히 보수적인 나라라고 할 수 있습니다. 따라서 필리핀에서 핫팬츠나 나시 같은 옷차림을 하면 술집여자라는 생각으로 바라보기도 합니다. 가족에 대한 애착도 한국 못지않게 대단한 수준이라 할 수 있습니다. 동남아 다른 나라와 유사하게 여성들의 사회적 활동이 많은 편이며, 가족을 부양하는 여성들도 많이 볼 수 있습니다.

교육수준은 중산층 이상의 계층에는 높은 편이며, 대학을 나온 영어구사력이 우수한 인재를 많이 보유하고 있는 나라입니다. 이러한 환경은 90년대 이후 세계적 기업들의 아웃소싱 장소로서 필리핀이 널리 선호되는 현상으로 나타나고 있습니다.

한국과도 가까운 지리로 인해서 연수, 유학, 콜센터, 기업, 은퇴 등 사회 각 분야에서 한국의 아웃소싱 국가로써의 최적의 장점을 갖고 있는 국가입니다.

단일민족으로서 민족적 자긍심이나 애국심 등에 대단한 열정을 갖고 있는 한국과는 달리 필리핀은 다민족국가이며 7,000 여개의 섬으로 이루어져 각각 권역별로 다른 언어와 역사를 갖고 있습니다. 이로 인해 전 필리핀이 하나라는 국가개념은 희박한 편입니다. 마닐라에서 무슨 일이 생겨도 세부나 다바오에서는 특별한 관심이 없는 모습들을 많이 보게 됩니다.

남방계통인들의 특징이 대게 그러한 편인데 인간관계에 있어서 갈등적이지 않으며, 외지인들에게도 매우 친절한 기질을 갖고 있습니다. 이는 어학연수시에 큰 장점이 되는 부분인데 친절한 관계에서 심리적으로 편안한 언어사용의 환경을 가질 수 있기 때문입니다. 
특히 여성들의 경우 서구인이나 비교적 부자인 동아시아인들과의 교류에 상당한 호감을 갖고 있는 경우가 많으며, 외국인과의 결혼을 매우 자랑스럽게 생각하기도 합니다. 간혹 일부 몰지각한 한국인 연수생들이 이런 호감을 이용하여 거짓 사랑으로 상처를 주는 경우가 있는데 이는 매우 심각한 문제가 발생될 소지가 있습니다. 매우 보수적 사회 분위기로 인해서 임신을 하게 될 경우에는 출국금지를 당하는 경우도 있습니다.

일년내내 더운 지방이며 겨울이라는 추위가 없는 기후조건이라 그런지 미래에 대한 준비라던지 일을 열심히 하겠다는 그런 개념은 한국보다는 매우 희박하다고 보면 됩니다. 간혹 일부 강사들의 경우 결강 등을 쉽게 하는 경우를 보기도 하고, 일하다 쉬고를 반복하는 라이프 스타일을 보게 되기도 합니다.

어떤 문화이던 문화적 상대성을 갖고 대하며, 다양한 다른 문화에 대한 이해능력을 갖추는 것이 글로벌 엘리트로서의 가장 중요한 요건이 될 것입니다.

특정 국가의 단면만 보고 그 나라를 평가하는 것은 자신의 지적능력이 매우 낮다는 것을 말해주는 것밖에는 되지 못합니다. 필리핀에서 생활할 때에는 그들의 문화를 존중하고 같은 세계인으로써 친구가 되겠다는 자세가 중요합니다. 가끔 경박한 행동을 하는 한국인들을 보면 눈살이 찌푸려지는 것에서 그치는 것이 아니라, 그들로 인해서 한국이라는 나라 전체가 부정적인 이미지를 갖지 않을까 생각하면 참으로 안타까운 순간들도 많습니다.

필리핀에서 생활해 본 많은 이들의 경우 필리핀 사람들과의 생활이 마음이 평화로웠고 행복한 시간들이었다고 이야기 하는 경우를 많이 보게 됩니다. 여러분들에게도 필리핀에서의 시간들이 성공연수와 함께 평화롭고 행복한 시간들이기를 기원 드리겠습니다.

4 필리핀 생활의 이모저모

필리핀 생활의 이모저모에 대해서 몇가지 알아보도록 하겠습니다.

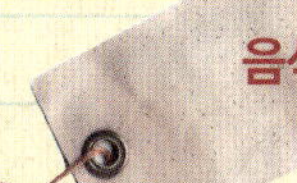
음식

필리핀 음식은 풍부한 재료와 다양한 조리 방법이 특징입니다. 육지와 바다에서 나는 갖가지 과일, 야채, 해산물에 중국, 스페인, 말레이시아 등에서 건너온 조리 방법을 나름대로 적용시켜 필리핀만의 독특한 음식들이 만들어져 왔습니다. 도시 한편에는 세계적으로 유명한 패스트푸드점이나 패밀리 레스토랑도 많이 들어서 있습니다. 현지 업체인 Jollibee가 특히 인기가 많으며, 필리핀 사람들은 대부분 육식을 좋아하고, 패스트푸드를 상당히 즐기는 편입니다.

다음은 몇 가지 필리핀 음식들의 종류입니다. 우리 입맛에 대체적으로 잘 맞는 편이라 할 수 있습니다.

- **아도보 (adobo)** : 닭고기와 돼지고기, 오징어, 야채 등을 식초와 후추, 마늘, 소금으로 양념하여 익힌 필리핀의 대표적인 요리.

- **크리스피 파타 (crispy pata)** : 튀김 족발 같은 것으로 돼지 껍질을 마늘, 소금, 후추, 생강 등으로 조리하여 기름에 튀겨 먹는 것. 무척 고소하고 바삭바삭함.

- **레천 (lechon)** : 돼지고기를 알맞게 잘라 대나무에 끼워 구운 요리로 축하 파티나 축제 행사에 빠지지 않는 요리.

- **뱃초이 (batchoy)** : 소뼈를 푹 고아 만든 국물에 쇠고기나 돼지고기 간 등의 내장을 곁들여 먹는 국수.

- ● **발 룻** : 막 부화하기 직전의 오리알을 삶은 것. 스태미너에 굉장한 효과가 있다고 함.
- ● **불 랄 로** : 우리나라의 갈비탕과 흡사. 갈비를 끓여 국물을 우려낸 국.
- ● **시 니 강** : 돼지고기나 닭고기, 생선 등으로 끓인 국, 신맛이 남.

화폐

필리핀의 화폐단위는 페소(Peso)입니다. 지폐는 20, 50, 100, 500, 1000페소가 있습니다. 1000페소 정도면 대형 쇼핑몰 정도가 아니라면 일상생활에서 쉽게 거슬러 받기 어려운 큰 돈이 됩니다. 1페소는 환율의 변동에 따라서 다르지만, 25~30원 정도 수준입니다.

팁

필리핀에도 서구권 국가처럼 팁문화가 있습니다. 딱히 금액이 정해져 있지는 않지만, 레스토랑 등에서는 계산 후 적절한 팁을 제공하는 것이 일반적입니다.

생활속의 에티켓

에티켓은 사실 전 세계 어느 나라를 가더라도 기본적인 에티켓에는 큰 차이는 없습니다. 필리핀에서 조금 더 유난하다 생각되는 부분 몇가지만 고려해 보도록 하겠습니다.

- ● 엄지와 집게로 동그라미를 그리는 OK 싸인은 돈을 의미하며, 필리핀에서 OK 싸인은 엄지를 위로 세우는 것이 일반적으로 통용됩니다.
- ● 필리핀이 스페인 지배를 받을 때 스페인 사람들이 필리핀인들을 가리켜 'Stupido' 라 불렀다 합니다. 이런 이유로 일부 필리핀 사람들에게 'stupid' 는 저주만큼 나쁜 의미로 통합니다.
- ● 갈등과 싸움을 싫어하는 기질이 있지만, 그만큼 화를 표시할 방법을 찾지 못하면 극한 행동을 보이는 경우도 있습니다.
- ● 더운 지방이라 연수생들이 주로 샌들과 반바지 차림으로 많이 다니는데

공식적인 자리나 초대받은 자리에서는 가급적 샌들과 반바지는 피하는
것이 좋습니다.

●● 시간이나 약속에 엄격한 편은 아닙니다. 약간 늦는 것에 익숙한 문화이
니 사적 약속 등에 시간약속을 엄격하게 다그치는 것은 바람직하지 않
습니다.

전압

전압은 220볼트입니다. 단 콘센트 형식이 'OO' 이 아니라, 'II' 식으로 되어
있습니다. 따라서 전자제품을 사용하고자 할 경우 'OO' 을 'II' 로 바꾸는 콘
센트가 있어야 합니다. 필리핀 현지의 할인마트 등에서도 구입할 수 있습니
다.

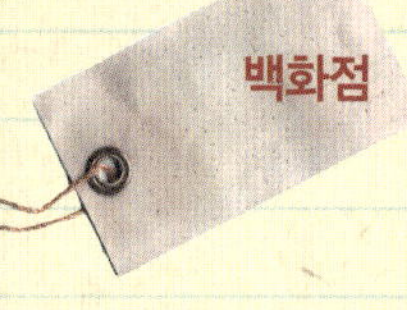
백화점

필리핀에는 아시아 최고 규모의 쇼핑몰이 있기도 합니다. 더운 지역이라 한
국의 강남거리나 명동거리보다는 코엑스몰 같은 실내구조물 형식의 쇼핑몰
이 발달하게 되었습니다. 그 안에 영화관, 미용실, 마사지샵 등등 여러 상점
들도 입주해 있으며, 모든 것을 할 수 있는 공간이라고 할 수 있습니다.

교통수단으로는 버스, 택시, 지프니, 트라이시클 등을 들 수 있습니다.

- **버 스** : 마닐라 등의 대도시에서 시내교통 수단으로 주로 볼 수 있습니다. 이외로는 먼거리 교통수단으로 주로 이용이 됩니다. 차량 수준은 오래된 모델들이 많은 편입니다.

- **택 시** : 어느 도시나 흔히 볼 수 있으며 필리핀에 가면 주로 많이 이용하게 됩니다. 가끔 큰 돈을 내면 거스름돈이 없다는 얘기를 듣게 되는데 100페소이하 단위의 잔돈을 소지하는 것이 좋습니다.

- **메가 택시** : 9언승이상의 RV 차를 개조하여 택시로 이용하는 것이며 합승하며 버스처럼 운행구간이 존재합니다. 주로 마닐라에 많습니다.

- **지프니** : 외국의 중고 디젤엔진, 부품들을 수입하여 함석판 등으로 재조립한 지프형 운송수단입니다. 필리핀을 대표하는 서민 운송수단으로, 기념품용 지프니 모형도 많이 판매되고 있습니다.

- **트라이시클** : 오토바이에 사람이 탈수 있는 좌석을 옆에 달아 운송수단으로 이용합니다. 한 마을 단위 안에서 운행하는 단거리 교통수단입니다. 옛 2차대전 영화에 보면 독일군이 타고 다니는 오토바이를 생각해보면 됩니다. 3~4명이 한꺼번에 매달려 타기도 합니다.

- **전 철** : 마닐라에는 일부구간의 지상전철이 운영이 되고 있습니다.

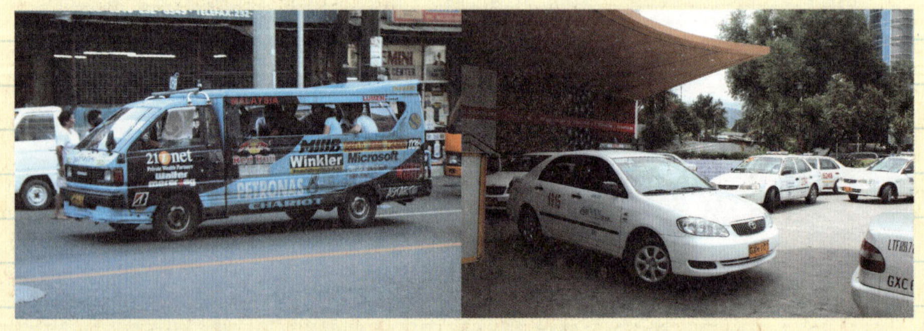

전화

한국과 특별히 다른 사항은 없습니다. 보통 학원에서 임대휴대폰도 제공하고 있어서 연수생활 중에 휴대폰 사용을 하는 경우도 있습니다. 이외 노트북 소지한 어학연수생들은 인터넷 전화를 흔히 사용하기도 합니다.

의료

의료서비스는 현대적인 수준의 서비스를 제공하고 있습니다. 지역마다 대형 병원도 많이 있습니다.

공휴일

필리핀은 다음과 같은 공휴일을 갖고 있습니다. 일부 휴일은 해마다 날짜가 바뀌어 실행되고 있습니다.

    4월 6일 : Araw ng Kagitingan
    4월 9일 : Maundy Thursday
    4월 10일 : Good Friday
    5월 1일 : Labor Day
    6월 12일 : Independence Day
    8월 21일 : Ninoy Aquino Day
    8월 31일 : National Heroes Day
    11월 1일 : All Saints' Day
    11월 30일 : Bonifacio Day
    12월 25일 : Christmas Day
    12월 30일 : Rizal Day
    12월 31일 : New Year's Eve

시차

필리핀은 한국과 1시간 차이가 납니다. 한국이 오전 9시일 경우 필리핀은 오전 8시가 됩니다. 따라서 시차적응의 문제는 발생하지 않으며, 거의 동일 시간대로 보아도 무방합니다.

5. 필리핀연수에서 학업 이외 활동들

필리핀 연수생활시 학업 이외의 다양한 활동으로는 크게, 스포츠, 여행 등의 액티비티 활동과 봉사활동 등의 발론티어(Volunteer) 활동으로 나눠 볼 수 있습니다.
필리핀은 7,000여개의 섬으로 이뤄진 나라로써 예쁜 바다들이 도처에 즐비합니다.
따라서 다양한 해양활동을 경험하기에 좋은 환경이기도 합니다.

골프

저렴한 비용으로 골프가 가능하여 어학연수시 골프를 병행해서 배울 수 있습니다. 일부 학원은 학원 내 골프 연습시설을 갖춘 곳도 있으며, 보통 근거리에 연습장이나 필드를 접할 수 있습니다. 하루 1시간 정도 강습과 연습을 하고 주말을 이용해 필드경험을 하는 등 한국에서는 바쁜 시간과 높은 비용으로 힘든 골프경험을 필리핀 연수시에 실력을 쌓아볼 수 있습니다.

스킨스쿠버

필리핀에는 많은 스킨스쿠버 강습소가 있으며, 2박3일 정도의 자격증 과정이 제공됩니다. 스킨스쿠버에 매력을 느낀다면 주말 등을 이용하여 체험, 강습, 자격증 과정 등을 경험해 볼 수 있습니다.

아일랜드 호핑

배를 타고 연안 섬으로 가서 섬주변에서 라이프자켓을 입고 바닷속 열대물고기 등을 관찰하게 됩니다. 스쿠버가 가능하다면 바다 밑까지 내려가 볼 수도 있습니다. 이후 출출하면 섬 해안에서 바비큐 파티를 하거나 선상 시푸드 레스토랑에서 저렴한 비용으로 시푸드를 드실 수도 있습니다. 따뜻한 햇볕 속에서 한나절 바다와 섬에서의 즐거운 한때를 보내는 경험인데, 학원에서 일정 날짜를 정해서 단체로 진행하기도 하며, 몇몇이 함께 어울려 배를 빌려 나갈 수도 있습니다.

봉사활동

빈부격차가 심한 필리핀이기에 고아원이나 구호활동 등 여러 봉사활동의 경험을 가져 볼 수 있습니다. 최근 취업 등의 경력사항에서 가장 중요시 평가받는 부분이 해외에서의 봉사활동 등이라 할 수 있습니다. 학원에서 진행하는 행사도 있으며, 또는 개별적으로 정보를 얻어 진행할 수도 있습니다.

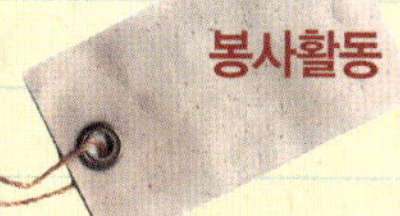

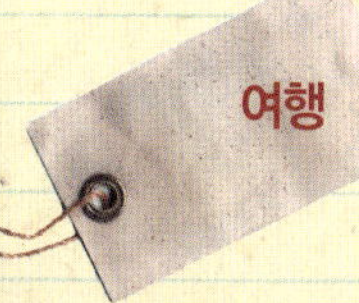

여행

가까운 해변이라면 5만원 정도의 저렴한 비용으로 2~3일 여행을 다녀올 수도 있습니다. 약간의 비용을 추가한다면 리조트 시설이 많아서 기억에 남을 약간은 럭셔리한 여행 경험도 가질 수 있습니다.

여행은 연수도시에 따라서 가까운 여행지가 다르니, 학원에서 정보를 얻어볼 수 있습니다.

6 인도 알아보기

- 인도라는 나라?
- 21세기 유일한 초고성장 국가?
- 인도의 주요도시들
- 인도 & 인도인의 문화적 특징
- 인도생활의 이모저모
- 인도연수에서 학업 이외 활동들

인도라는 나라? 

한 나라로 어학연수를 가면서 해당 국가의 기본적인 사항에 대한 지식을 갖추고 있지 못하다면 그곳에서 만나는 그 나라 국민들은 참 실망하게 될지도 모를 일입니다. 언어란 공유할 수 있는 화제꺼리, 공통된 지식을 기반으로 대화가 가능한 부분이니 가급적 인도에 대한 기본적인 지식은 연수 전에 습득해 보는 것이 좋습니다. 인도에 관련된 단편적인 사항에 대해서 몇 가지 사항을 열거해 보도록 하겠습니다.

●● 세계 4대 문명발상지 중 한 곳

인도는 인더스 문명이라는 세계 4대 문명 중 하나의 문명 발상지입니다. 인더스 문명은 기원전 2500년에서 기원전 1500년 무렵까지 인도의 인더스 강 유역에서 번영하였던 세계에서 가장 오래된 문명입니다. 이는 이후 역사에서 화려했던 시절과 함께 인도인들의 자부심의 바탕이 된다 할 수 있습니다.

●● 김수로왕의 비, 허황후는 인도출신

한국과 인도와의 인연은 고대사부터 이어져 온 듯 합니다. 한국에서 가장 많은 김해 김씨의 시조 김수로왕의 비는 인도 아유타 국에서 배를 타고 온 공주였다고 합니다. 10명의 아들을 낳았는데 그 중 2명에게 어머니의 성 허(許)씨를 주었다고 합니다.

●● 인구, 국토

인구는 약 11억 3천만명으로 중국에 이어 세계 2위의 인구대국입니다. 인구 증가율 상 조만간 중국을 능가할 것으로 예상되며, 10~20대 인구 구성이 높습니다. 이는 21세기 인도의 발전을 예상하는 중요 인구학적 기반이 되기도 합니다. 국토 면적은 328만 Km^2로 한반도의 13배 규모입니다.

●● 언 어

인도는 힌두교를 기반으로 하여 하나의 국가로 통합이 되었습니다. 워낙 넓은 지역이라 지역별 언어가 달라 북인도와 남인도 사이에는 자신들의 언어로 의사소통이 되지 않습니다. 헌법상 힌디어를 포함하여 22개 언어가 공용어로 인정되고 있으며, 제 1공용어는 힌디어, 제 2공용어는 영어입니다.

●● 종 교

인구 82%가 힌두교를 믿고 있으며, 회교가 11%가 됩니다. 머리에 터번을 쓰는 시크교도 3% 정도입니다. 힌두교와 회교도 간의 갈등은 언론에 보도되는 인도 사건사고의 주요 원인이 되기도 합니다.

●● 기 후

광대한 영토로 인해서 다양한 기후를 가지고 있습니다. 주요 연수지로 델리 근방을 살펴볼 때 크게 건조기, 혹서기, 우기로 나눌 수 있습니다. 3월부터 3개월 정도가 가장 더운 혹서기인데 이때에는 기온이 상당히 올라갑니다. 이후 6~9월 우기로 비가 잦은데 몬순형이기 때문에 하루 종일 비가오거나 하지는 않습니다. 11~2월은 인도방문의 최적의 기간으로 한국의 가을 날씨 정도이며 아침 저녁으로는 쌀쌀한 날씨라 할 수 있습니다.

● ● 역사

인도는 역사적으로 다른 어느 나라보다도 오랫동안 지구상에서 경제적, 문화적 강국으로서의 역할을 점해 왔습니다. 가장 오랜 문명인 인더스 문명부터 영국의 식민통치 이전까지의 인도는 유럽이나 기타 문명권과는 비교 안 되는 문화적 능력, 경제적 능력을 보유하고 있었습니다. 유럽의 바다로의 진출은 다름 아닌 인도를 찾고자 하는 노력에 기인했다 할 정도입니다. 이후 유럽의 약진에 의해서 일시적 후퇴는 있었지만, 다시금 세계 속의 인도로 급부상하고 있는 중입니다. 1947년 영국으로부터 독립을 했고, 1950년에 공화국이 되었습니다.

● ● 카스트 제도

인도를 이야기 할 때 꼭 언급되는 것이 힌두교 기반의 카스트 제도라 할 수 있습니다. 일종의 직업군에 따른 신분제로써 브라만(사제), 크샤트리아(무사), 바이샤(농민, 상인), 수드라(노예)로 나뉩니다. 그 밑에 불가촉천민이 있습니다. 물론 공식적으로는 없어진 제도라 하겠지만, 아직도 인도인들의 문화 속에는 카스트 제도가 많이 스며들어 있습니다.

● ● 정치

공화제이며, 국가원수와 수상이 공존합니다. 의회는 상하 양원을 채택하고 있습니다. 흔히 국가 간 정상회담 등에 언론을 통해 자주 보이는 인물로는 현재 '만모한 씽' 수상을 들 수 있습니다. 실용주의자로 인도 발전에 앞장서고 있는 인물로 인도인들로부터 폭넓은 지지를 얻고 있습니다.

2 21세기 유일한 초고성장 국가?

인도는 미국 최고의 석학들의 집단인 골드만 삭스에서 21세기 지구상의 유일한 고성장 국가로 예견된 바가 있습니다. 물론 한 집단의 예상만으로 한 국가의 발전가능성을 평가할 수는 없는 일이지만, 여러 측면에서 인도의 부상은 누구나 인정하는 21세기의 메가트렌드가 되어 간다고 할 수 있습니다.

이는 유흥환경이 없는 건전한 학업 환경으로써 인도의 장점과 더불어 어학연수지로 인도가 갖게 되는 매우 중요한 또 다른 장점이 된다고 할 수 있습니다.

어학연수의 목적은 언어능력을 취득하는 데 하나의 목적이 있고, 세계를 경험하는 것에 또 하나의 목적이 있다고 할 수 있습니다. 그런데, 이러한 목적이 물론 앎과 관계형성을 통한 개인의 행복지수를 높이는 것으로도 의미가 있겠지만, 보다 더 효과적인 연수결과를 얻기 위해서는 실리를 얻는 것, 즉 실용성을 높이는 것에 목적이 있다고 할 수 있습니다.

어학연수의 가장 첫 번째 실용적 목적은 취업을 잘 하는 것에 있다고 할 수 있는데, 이러한 관점에서 본다면 인도어학연수는 지금 현시점에서 가장 주목해 보아야 할 연수국가라 할 수 있습니다.

세계가 주목하는 인구와 성장동력을 갖춘 국가이며, 미국을 비롯한 세계 주요 경제주체들이 직접 막대한 투자를 할만큼 안전성 있는 성장국가이며, 또한 우리 한국의 기업들이 주요 경제분야에서 1, 2위를 다투고 있고, 앞으로도 막대한 투자가 진행될 만큼 많은 인도경험인력의 충원이 필요한 상황이기 때문입니다.

영어사용환경과 민주주의 정치제도, 수많은 고급인력, 또한 중국 등도 이미 인구고령화를 걱정하고 있는 상황에서 인구구성이 10~20대에 편중되어 있다는 것 등이 인도가 21세기 유일한 고성장국이 되리라 예상되고 있는 요소들이기도 합니다.

어학연수로 언어실력만 늘이는 것은 이제 소극적 개념의 어학연수라 할 수 있습니다. 자신의 미래를 위한 보다 전략적인 사고가 필요하며 그러한 측면에서 인도는 지금 현시점 가장 고려해 볼 만한 어학연수 국가라 할 수 있습니다.

3 인도의 주요 도시들

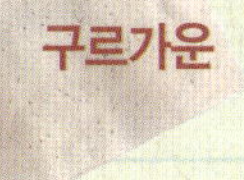

델리

17~18세기 무굴제국의 수도로서 번성한 도시입니다. 올드델리와 뉴델리로 나뉘는데, 1931년 영국치하에서 남쪽으로 뉴델리가 건설되고 수도로 정해지게 됩니다. 수도로서 정치적 중심지이며 북인도의 경제중심도시입니다.

구르가운

델리 남쪽 20여분 거리의 경제신도시입니다. 인도발전의 상징적인 도시로서 인도사람들도 자부심을 갖고 있는 도시입니다. 고층빌딩과 고층아파트들이 즐비한 곳이며 많은 외국 기업들이 입주해 있습니다. 우리가 흔히 생각하는 인도의 이미지와는 전혀 다른 비교적 현대적 분위기의 도시입니다.

뭄바이

봄베이에서 뭄바이로 명칭이 변경되었습니다. 인도 서부해안의 최대 도시이며 인도와 아라비아, 유럽으로 연결되는 무역의 중심도시입니다. 인도 대도시 중에서는 가장 번화한 곳이며 가장 현대적인 도시입니다. 인도영화의 중심지인 몰리우드도 위치해 있습니다.

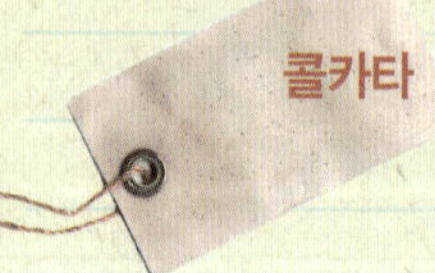

콜카타

캘커타에서 콜카타로 명칭이 변경되었습니다. 한때 영국 동인도회사의 거점으로 식민지 시절 델리로 수도를 이전하기 전까지 인도의 수도였습니다. 번화한 경제도시이나 빈곤층의 인구수도 매우 많습니다. 근래 방글라데시 난민유입으로 그 정도는 더 심해졌으며 이곳을 배경으로 한 영화 'City of Joy'를 보면 콜카타의 면모를 엿볼 수 있습니다.

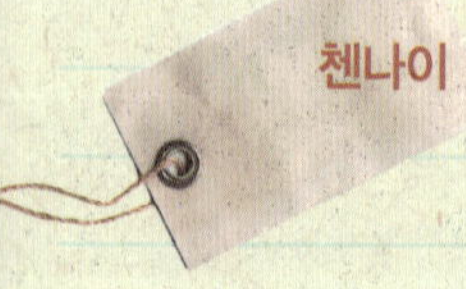

첸나이

마드라스에서 첸나이로 명칭이 변경되었습니다. 인도 남동해안에 위치하고 있으며 동아시아와 교역의 중심이 되는 도시입니다. 현대자동차와 협력업체 17개사가 진출하여 한인들이 많이 거주하고 있는 지역이기도 합니다. 인도의 최대 소프트웨어인력 공급지역이며 최근 IT 도시로 급부상하고 있습니다.

뱅갈로

해발 900m의 고산도시이며 외국의 다국적 기업이 많이 위치하여 미국의 실리콘밸리에 다음가는 인도 최대의 IT 도시로 성장하였습니다. 컴퓨터 소프트웨어 등 다국적 기업이 대거 진출하여 있습니다.

하이데라바드

최근 IT 산업을 중점 육성하는 도시이며 뱅갈로, 첸나이와 함께 인도의 소프트웨어 산업의 골든 트라이앵글로 불리웁니다. 남부 내륙 한복판에 있어 몹시 더운 지역인데, 이 곳 사람들의 기질이 충직하고 근면한 점에서 높이 평가받고 있다고 합니다.

바라나시

갠지즈강 연안에 위치하며 힌두교 최대 성지로 꼽히는 곳입니다. 매년 100만 명 이상의 순례자가 끊임없이 모여드는 곳으로 여행자들도 많이 찾고 있습니다. 강변 4Km 정도 계단상으로 목욕장 시설이 마련되어 있고, 죽은 사람을 화장하는 화장터도 있습니다. 삶과 죽음에 대한 여행자로서의 느낌과 힌두교 문화를 느껴 볼 수 있는 지역입니다.

4. 인도 & 인도인의 문화적 특징

(본 내용은 오랜 인도생활의 경험이 있는 인도 PSP어학원 송창범님의 특별기고를 실었습니다.)

인도의 문화적 특징은 '다양성' 이라는 단어로 함축적으로 표현되고 있습니다.

광활한 국토, 11억을 상회하는 인구 수, 16개를 넘나드는 공식 언어, 힌두교, 이슬람교, 시크교, 자이나교, 기독교, 카톨릭 등의 다채로운 종교에 사막, 밀림, 히말라야 산악지대를 포함한 다양한 기후의 지역을 포함하고 있으며, 희고 검은 피부의 사람들과 한국인과 같은 몽골리안 계열의 주민들까지 어울려 살아가는 인도라는 나라는 '다양성' 이라는 단어를 절로 떠올리게 되는 나라입니다.

인더스 문명으로 불리우는, 세계 4대 문명의 발상지 중 하나인 인도는 조상들의 문화적 우수성에 대해 상당한 자부심을 가지고 있으며, 대국적인 기질을 가지고 있습니다. 세계 정치 무대에서 제 3세계의 리더 역할을 자임하여 단단한 입지를 다져왔고, 미국과 중국이라는 초강대국들 사이에서 실리를 추구할 만큼 뛰어난 외교 능력을 가진 국가이며, 년 10% 내외의 높은 성장률을 기록하여 중국을 대체할 새로운 거대 시장으로서 자리 매김하여 가고 있습니다. 6명에 이르는 노벨상 수상자를 배출한 국가이며, 세계를 이끌어 가는 국가인 미국의 실리콘밸리와 나사우주항공국 그리고, 월스트리트 등의 엘리트 집단을 구성하는 고급 인력의 10~40%를 자국민이 진출하게끔 할 수 있을 정도로 뛰어난 인재를 다수 보유하는 등, 향후 정치, 경제적으로 세계를 이끌어 갈 국가 중 하나로 자리매김할 가능성이 높다고 평가되고 있습니다.

하지만, 국민 절대 다수의 소득이 월 100달러에도 미치지 못하는 가난한 국가이고, 몇 백 원 내외의 음식을 파는 허름한 리어카의 행렬, 소 말 등의 동물이 차량과 교차하는 도로, 신호대기시 어디서나 쉽게 볼 수 있는 동냥하는 사람들, 도로 한 구석에 다 허물어져가는 천막에 의지하여 살아가는 사람들, 눈살을 찌푸리게 하는 더럽고 흙먼지 날리는 거리 등 외국인의 눈에 비춰진 인도는 그저 그런 가난한 나라중 하나일 수 있습니다.

이러한 양면성을 가진 인도에는 우리와는 전혀 다른 생각과 방식으로 살아가는 사람들이 있습니다. 어느 것이 옳고 어느 것이 틀리다고 말할 수 없는 서로 다른 문화와 풍습 및 사고관의 차이에서 비롯되는 이러한 차이점들을 이해할 수 있다면, 너무 먼 나라로만 느껴지던 인도를 좀 더 가까이 느낄 수 있으리라 생각합니다.

인도는 지정학적으로 동아시아와 중동 및 아프리카의 중간 부분에 위치하여 있고, 동아시아에 속한 한국과는 상당히 비슷한 문화도 가지고 있습니다. 그 중에서도 대가족 문화는 연장자를 우대하는 경로 우대의 풍습과 가족 간의 사랑과 단결을 소중히 여기는 훌륭한 전통을 이어갈 수 있는 가장 중요한 바탕이 되는 문화라고 할 수 있습니다. 가족 간의 경조사를 중히 여겨 때론 비효율적으로 비춰질 만큼 많은 날들을 할애하여, 헌신적으로 경조사에 참여하는 이들의 진정성 깃든 모습은 이미 핵가족 사회에 접어든 우리에게 시사하는 바가 큽니다.

인도인들에게서는 사람 냄새가 납니다. '情'이 있어 외국인이라도 쉽게 친구가 되고, 한 번 마음을 주고 사귀게 되면 가족과 같은 깊은 정을 아낌없이 표현하는 인도인들을 만나게 되면 인도가 아시아에 속하는 국가라는 것을 다시금 느끼게 됩니다.
물론, 인도에서 생활하는 많은 한국인들이 인도인들의 나쁜 점에 대해 이야기 하곤 합니다. "거짓말을 잘하고, 계산적이며, 감사할 줄 모르고, 잘 대해주면 그 상대를 쉽게 생각하며 더 많은 것을 바란다."는 등의 기질은 인도에서 살아가는 많은 한국인들을 힘들게 하는 주원인이 되기도 합니다. 하지만, 이러한 평가는 운전기사나 가사도우미 등 일부 교육받지 못한 계층에 집중되는 평가이며, 모든 인도인들에게 적용되기엔 인도는 너무도 광대한 국가이고 그 규모에 걸맞는 다양함을 담고 있는 나라이기도 합니다.

인도는 전반적으로 음주 및 유흥문화가 종교적으로 경원시되는 보수적인 문화를 가지고 있습니다. 인도의 수도인 델리 지역의 한 일간지에 보도된 내용에 따르면, 델리의 유명한 공원인 로디가든(Lodi Garden)에 출동한 경찰이 공원 내 한적한 곳에서 키스 등의 풍기문란 행위를 한 인도인 젊은 남녀들에게 벌금을 부과하였으며, 일부는 경찰봉으로 구타당한 사건이 발생하였다고 합니다. 이와 같이, 인도 내 공공장소에서의 과도한 애정 표현이나 음주 등은 법이나 관습으로 엄격히 금지되고 있으며 유명 여배우가 영화 촬영 시 키스를 할 수 없다는 발언을 하는 등, 서구로부터 유입되는 자극적인 성문화 및 유흥문화에 맞서 상당히 보수적인 사회 분위기를 유지하고 있습니다.

세계적으로 잘 알려진 수많은 인도의 세계 문화유산을 찾아 매년 수백만명의 외국인들이 인도를 방문합니다. 가장 많은 수를 차지하는 외국인 관광객은 유럽을 비롯한 서구인들이며, 일본인들은 이미 오래 전부터 인도에 대한 열풍이 불어 많은 관광객이 다녀가고 있으며, 최근엔 한국인들이 대기업의 성공신화와 매스컴의 인도 열풍에 영향을 받

아 인도를 많이 방문하고 있습니다. 인도를 여행한 사람들 중 혹자는, 세계 문화유산으로 빛나는 인도의 유적들을 찾아서, 또 다른 이들은 신들의 세계로 불리우는 히말라야의 감동이나 사막과 바다 등의 아름다운 자연을 찾아서 인도를 찾곤 하지만, 대부분의 사람들이 마지막엔 인도의 철학과 종교 등으로 표현되는 정신세계에 어우러져 살아가는 인도인들의 모습에 매료되어 인도를 찾게 된다고 합니다.

인도를 방문하는 이들 중 많은 이들은, 인도의 비전, 세계 속에서의 인도의 국가 경쟁력 및 우수한 문화유산을 종합하여 평가하기에 앞서 눈앞에 보여지는 '가난' 으로 쉽게 정의할 수 있는 인도의 단면들을 바라보며 너무 쉽게 그저 그런 나라쯤으로 평가 절하하는 우를 범하고 있다는 생각을 많이 하게 됩니다.
바로 이 점을 우리는 중요하게 인식하여 발상의 전환을 통해 인도라는 나라를 바라보아야 합니다.
편견과 주관적인 판단에서 한 발 물러서 보다 심층적인 사고로서 인도라는 나라의 과거와 현재, 그리고 미래를 바라볼 때 비로소 인도가 가지고 있는 진정한 문화적, 정치적, 경제적 힘의 실체를 평가할 수 있습니다.

결론적으로, 인도는 대한민국의 젊은이들이 반드시 경험하고 도전하여야 할 신천지이며, 황금을 품은 거대한 대륙입니다. 이러한 사실은 이미 인도에 진출하여 분야별 최고의 반열에 오른 삼성전자, LG전자 및 현대자동차 등 대한민국을 대표하는 대기업들의 성공 신화에서 확인할 수 있으며, 현재도 계속되고 있는 대다수 대기업들의 인도 진출에 대한 의지를 통해 더 확실히 느낄 수 있는 것입니다.

달리는 코끼리로 표현되는 거대한 대륙 인도, 그 인도에 대한 도전과 경험은 여러분들의 젊음의 특권이자 권리입니다.

5 인도생활의 이모저모

인도 생활의 이모저모에 대해서 몇가지 알아보도록 하겠습니다.

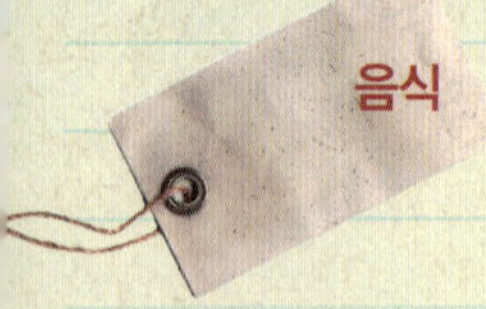

음식

인도는 음식에서도 종교의 영향을 많이 받습니다. 힌두교는 종교적 이유로 고기를 먹지 않습니다. 또 다른 종교인 이슬람교도 돼지고기를 먹지 않기 때문에 인도에서는 고기로는 닭고기만 먹을 수 있다고 생각하면 됩니다.

인도는 향신료의 나라이기도 합니다. 전세계 향신료의 거의 대부분이 인도에서 만들어진 것들이 많습니다.

몇 가지 인도음식에 대해서 알아보도록 하겠습니다.

- **주식** : 차왈(chawal: 일반적인 쌀밥)과 차파티(Chapati: 밀가루 반죽을 둥글게 만들어 구운 것), 푸리(puri: 밀가루 반죽을 기름에 튀긴 것) 등이 있습니다.

- **탄두리 치킨(Tandoori Chicken)** : 닭을 양념에 발라서 화덕에서 기름을 빼면서 구운 요리로 인도요리로 유명합니다.

- **마살라(Masala)** : 식물로 만든 향신료로 인도의 양념이나 장이라고 할 수 있습니다. 대부분의 인도 음식에는 마살라가 들어갑니다.

- **탈리(Thali)** : 인도 정식으로 큰 접시에 밥과 주식 종류와 달, 커리, 다히(요구르트) 등의 음식이 담겨 나오는 요리입니다. 보통 식당이나 열차 안에

서 쉽게 접할 수 있습니다.

- 달(Dhal) : 인도의 국에 해당하는 것으로 삶은 콩에 마살라를 넣은 것.
- 샤브지(Sabzi : 야채카레) : 야채를 넣은 카레로, 콩·감자·시금치 등의 야채 중에 1~2가지로 만든 것입니다.

음료수

인도에는 다양한 종류의 음료수가 있는데 가장 쉽게 접할 수 있는 것이 짜이(Chai)입니다. 홍차에 우유와 설탕을 넣은 단맛의 음료인데 인도 여행을 하다 보면 하루에 여러잔씩 마시게 됩니다.

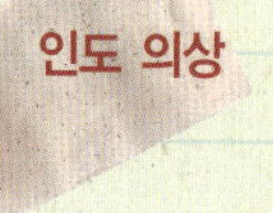
인도 의상

사리(Sari)는 인도여성의 전통복이며, 오늘날에도 인도 전역에서 볼 수 있는데 바느질이 안된 긴 천의 형태이며, 입는 방법이나 형태는 지역에 따라 약간씩 차이가 있습니다. 또 외출시에는 사리의 남는 부분을 머리에 뒤집어쓰기도 합니다. 어학연수시 인도전통의상을 한번 경험해 볼 수 있습니다.

화폐

인도의 화폐단위는 루피이며, 거의 모든 지폐에 간디 초상화가 있습니다. 환율에 따라서 다르지만, 보통 1루피는 25~30원 정도 수준입니다.

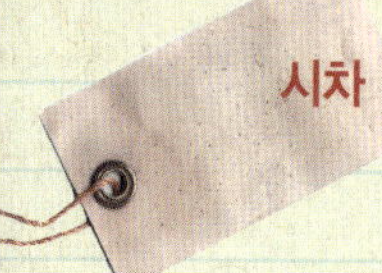
시차

한국과의 시차는 3시간 반이 됩니다. 예를 들면 한국이 낮 12시라면 인도는 아침 8시 30분이 되는 것입니다.

인도에도 팁문화가 있습니다. 보통 서빙을 받는 레스토랑 등에서 식사를 한다면 5~10% 선에서 팁을 주는 것이 일반적입니다.

인도의 교통수단으로는 버스와 릭샤, 택시 등이 있습니다.

- **버 스** : 보통 시내에서 먼거리이거나 또는 장거리 이동시에 이용합니다. 여행시 버스 노선은 잘 연결되어 있는 편입니다.

- **릭 샤** : 릭샤는 대표적인 시내교통 수단입니다. 오토릭샤와 사이클릭샤, 릭샤가 있는데, 오토릭샤는 스쿠터를 개조한 삼륜차이고, 사이클릭샤는 자전거가 끄는 인력거, 릭샤는 말 그대로 인력거입니다. 릭샤를 탈 때 가격을 흥정해야 하는데 외국인들에게 바가지를 씌우려는 경향이 있으니 조심해야 합니다. 델리시내에는 오토릭샤가 가스차만 허용되기 때문에 매연이 발생하지 않습니다.

- **택 시** : 택시는 영국식민지의 영향으로 영국식 스타일의 검은색 차량이 주로 많습니다.

인도는 면이나 실크 등의 옷감과 보석, 귀금속, 민예품 등이 인기가 있는데, 장터나 노점은 인도 쇼핑의 재미를 더해 줍니다. 구르가온 같은 신도시에는 현대식 쇼핑몰이 즐비하기도 하여, 여러 글로벌 브랜드들과 패스트푸드점 등이 입점해 있기도 합니다.

<table>
<tr><td>영화</td><td>인도는 세계적인 영화생산국입니다. 제작편수로만 따지면 헐리우드를 능가하고 있습니다. 거의 모든 영화에 뮤지컬적인 춤과 노래가 나오는 것이 특징입니다. 인도인들의 영화관람은 일상적인 생활의 한 부분이기도 합니다.</td></tr>
</table>

영화

인도는 세계적인 영화생산국입니다. 제작편수로만 따지면 헐리우드를 능가하고 있습니다. 거의 모든 영화에 뮤지컬적인 춤과 노래가 나오는 것이 특징입니다. 인도인들의 영화관람은 일상적인 생활의 한 부분이기도 합니다.

전화

어학연수시 대부분 저렴한 인터넷 전화를 많이 이용합니다. 외출시에는 길거리 전화가게를 이용하는데 인도만의 독특한 풍경이기도 합니다. 거리에 많은 전화가게들이 있으며, 전화를 하면 요금표가 전광판에 나오게 되고, 통화가 끝난 후 요금을 지불하게 됩니다.

전압

전압은 230 볼트이며, 코드 방식은 영국과 같은 3구 방식입니다. 한국의 전자제품을 가져갈 경우 2구 방식인데 그냥 꽂아서 사용이 가능합니다. 단, 전력서비스가 불규칙한 면이 있어서 잔고장이 나는 경우도 간혹 있습니다.

6 인도연수에서 학업 이외 활동들

인도연수 생활시 학업이외의 활동으로는 여행 등을 통한 다양한 인도문명의 경험을 들수 있습니다. 세계 주요 종교들의 발상지로서 인도는 가장 심오한 정신문명을 이룩해오고 있습니다. 이러한 인도는 여행 자체만으로도 많은 이들이 방문하여 장기간 체류하기도 합니다. 어학연수 생활시 주말이나 휴일을 이용하여 여행을 한다면 영어능력 뿐만아니라, 삶의 에너지와 철학을 폭넓고 다채롭게 할 수 있는 좋은 기회가 됩니다.

요가&운동

요가는 자세와 호흡을 가다듬어 정신을 통일·순화시키고, 또는 초자연력을 얻고자 행하는 인도 고유의 수행법입니다. 인도 정신문명의 신체화 된 대표적인 표현법이라 할 수 있습니다. 일부 어학원에서는 무료 요가수련을 제공함으로써 어학연수에도 도움을 주고 있습니다. 이외 배드민턴, 탁구 등 가벼운 운동 활동을 하기도 합니다.

여행

인도는 세계적인 여행 국가로써 세계의 많은 젊은이들이 인도여행을 오고 있습니다. 어학연수 중 주말을 이용하여 또는 연수가 끝난 후 일정기간 여행을 다닐 수 있습니다. 델리, 아그라, 자이뿌르는 델리를 중심으로 삼각형 지역을 이루어 골든 트라이앵글이라 불리우는데, 타지마할 등 인도 유명 건축물들을 둘러 볼 수 있습니다. 힌두교의 성지인 바라나시에서 삶에 대한 인식의 폭을 넓힐 수도 있습니다.

뭄바이나 기타 남인도의 성장 도시 등을 통해서 인도의 다양성과 발전가능성을 더욱 경험해 볼 수도 있습니다. 산을 좋아하면 가까운 네팔로 가서 히말라야 등반 베이스캠프에 참여해 볼 수도 있습니다.

여행은 대부분 어학원생들끼리 3~10명 정도 인원을 짜서 떠나고 있습니다.

인도는 해마다 각 지역에서 큰 축제를 벌이고 있습니다. 연수 중 가까운 지역에서 축제가 열린다면 참석해 볼 수 있습니다. 잊혀지지 않는 경험이 될 것입니다.

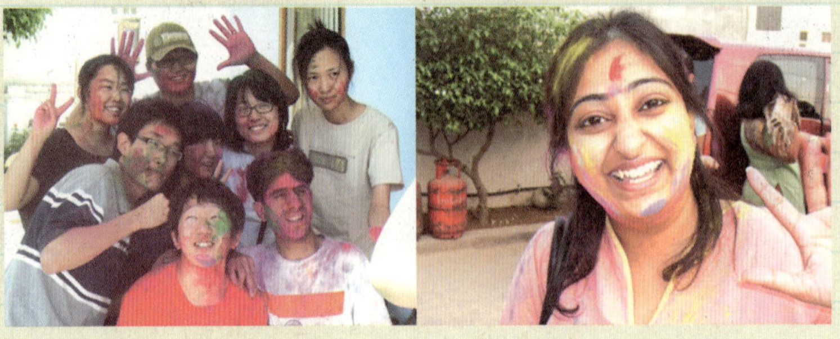

인도인들은 '손님은 곧 신' 이라고 여기는 풍습이 있습니다. 선생님이나 기타 교류를 나누게 된 인도인 친구 집에 방문하는 것도 좋은 경험이 될 것입니다. 결혼식 또한 좋은 기회가 되는데, 인도 결혼식의 화려함은 한국의 결혼식과 비교할 수 없습니다. 화려한 의상과 결혼의식, 음악, 춤, 정말 하나의 큰 행사를 보는 듯 합니다. 선생님들의 친척 혹은 아들, 딸의 결혼식에 초대받는 것은 가장 큰 행운일 것 입니다.

7 어학연수 생활 엿보기

- ● 예원이의 인도 PSP 어학원에서의 하루일과
- ● 세영이의 필리핀 CPILS 어학원에서의 생활들

예원이의 인도 PSP 어학원에서의 하루 일과

아침해가 떴습니다~!! 아침에 일어나서
하루 일과를 준비하고 있는 예원.
오늘도 활기차게! 아자!

아침식사 중.
토스트에 딸기 잼, 파인애플 잼,
버터 골고루 발라서 맛있게 얌얌!!
콘후레이크까지 아침식사는
든든하게~

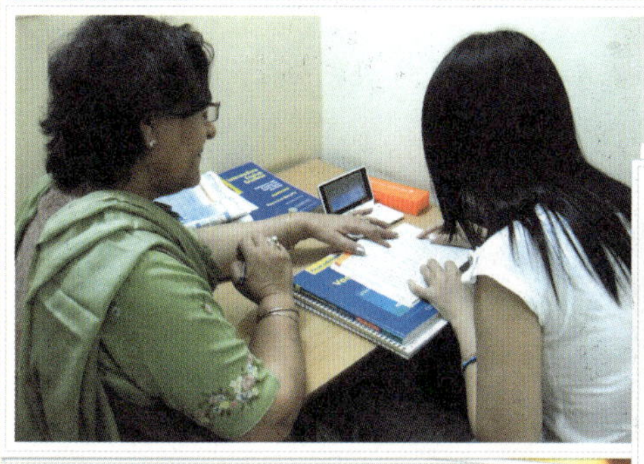

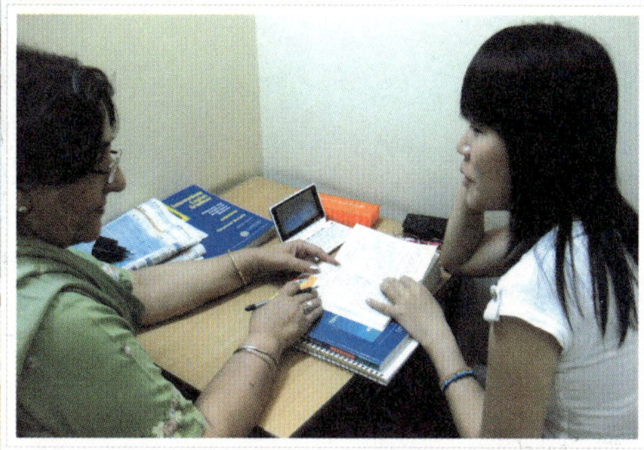

8:30

●● 1:1 Class

예원이의 1교시는 일대일 수업이네요~ Ratinder teacher와 함께
Grammar, Writing, Reading, Discussion 등등.
오늘 하루도 즐겁게 하루를 시작~^^*

10:30

●● 1:6 Class

두번째 시간은 그룹클래스!! 슈르티 티처와 함께.
오늘은 1:6 교재를 가지고 공부하고 있네요^^

12:10

2교시 마치고 드디어 점심시간!!!
친구들과 이야기하면서
평온한 점심시간을 보내요.

12:45

점심시간을 이용해서 학원 근처의
슈퍼마켓에서 군것질하고 있는 예원이!!
밥을 먹었으니 후식은 기본이죠?^^;;

1:00

● ● 1:12 Class

오늘의 마지막 수업인 1:12 클래스~
옆에 잘생긴 브라질 사람과 함께 있어서 더 행복해 보이는데요?

3:00

●● 도서관에서 자율학습
수업마치고, 짬을 내서
내일 수업을 위한 공부하는 중^^*
우리 예원이 정말 열심히 공부하는데요?

4:00

●● 컴퓨터로 과제하고 있는 중
오늘의 수업을 마치고, 다음날 과제 준비하는 중!! 아~~ 바쁘다 바빠^^
내일 발표수업이라 많이 바빠 보이네요.

5:00

● ● Yoga Class

요가 수업 중~~ 먼저 준비운동부터 하고..
본격적으로 우리 함께 몸좀 풀어볼까요?

6:00

● ● Dinner

몸도 풀었으니, 맛있게 저녁을
먹어야죠?
살찌니까 저녁은 조금 가볍게~

6:30 ◎

7:00 ◎

●●배드민턴 치고 있는 예원

밥먹었으니 가볍게 운동해야죠? 배드민턴도 하고, 탁구도 하고~

●● 스탭, 친구들과 이야기하는 중

예원이의 여가시간은? 친구들과 이야기도 하고, 여행을 가기 위한 티켓도 예약하고, 스탭과 함께 이야기도 하면서 보내네요^^*

오늘 하루를 마무리하면서, 마지막으로 배운
내용을 복습하고 있는 예원이.
오늘 하루도 끝!!!

11:00 ●●취침시간

예원이와 함께하는 Travel

자이살 메르
– 사막여행

AYURVEDA HUB
&RESEARCH INSTITUTE
ASK FOR:
★ AYURVEDA MASSAGE
★ BODY REFRESHMENT
★ REFLEXOLOGY
★ CONSULT WITH DOCTOR

2 세영이의 필리핀 CPILS
어학원에서의 생활들

드디어 필리핀에 도착했네요.
공항에서 안전하게 픽업받기!

첫날은 오리엔테이션과 레벨테스트 받아야죠^^
어떤 레벨이 나올까요? 창피해~;;

학원 안내도 받고, 교재도 구입하고, SSP도 신청하고,
어려운 일은 언제든지 친절한 상담도 받고...

멋진 선생님과 1:1 수업!
무엇보다 필리핀 연수의 가장
핵심수업이죠. 아자 열심히!

1:4 수업, 1:8 수업 모습들.
다른 학생들과 경쟁도 하면서 아자아자~!!!

열심히 공부하다 잠시 휴식을 취하기도 해야죠.^^
오후에는 태보로 열심히 몸관리도!

세탁물은 무료로~
필리핀과 인도에서는 청소도,
세탁도 무료. 공부만 하세요!

자! 수업뿐만 아니라 셀프스터디가 중요합니다.
자습도 열심히, 자료는 인터넷에서 찾아도 보고~

얼마나 늘어나고 있을까? 한달에 한번은 성취력 테스트도 받아야죠.
부족한 건 보충도 받아보구요.

아~ 벌써 시간이 이리 흐른단 말인가! 졸업식 스피치를 확 늘어난 영어로
자신만만^^ 수료식땐 눈물도 흘려보고, 흑흑..

아쉬운 이별의 날, 퇴실 절차 밟고 정든 학원을 떠납니다.
기숙사 예치금도 환급받구요.

그간 필리핀에서 추억이 깃든 사진들 멫장 보너스~~!!!

힘들땐 마사지로
피로를 쫙~

스킨스쿠버 하는
친구들도 많았답니다.

세부에서 가까운 보홀섬에는
초콜릿동산이 있었어요.
정말 초콜릿처럼 생겼죠?

학원에서 친구들과 함께
아일랜드 호핑으로
주말 한때를 보냈답니다.

크리스마스나 할로윈에는
학원에서의 큰 행사도
너무 즐거웠어요~

8 나의 Role 모델 경험담 읽어보기

나의 Role 모델 경험담 읽어보기

어학연수를 성공하는 데 있어서 가장 중요한 마인드웨어는, 바로 어학연수의 비전을 소유하는 것입니다. 비전이라는 것은 "미래의 구체적인 자기이미지"를 말하는데, 추상적인 모호함이 아니라 구체적인 행위나 결과에 대한 목표를 가질 수 있다는 측면에서 비전의 중요성을 이해할 수 있습니다. 단순히 '열심히 하겠다' 는 류의 목표는 추상적이기에 무엇을 언제까지 어떻게 하겠다는 것과 비교한다면 그 추진력이 현저히 떨어지게 될 것입니다. 또한 자신의 불성실을 쉽게 합리화하게 되기도 합니다.

이 장에서는 기존 필리핀, 인도 어학연수 선배들의 경험담 중에서 여러분들의 비전을 만드는 것에 참고가 될 부분만을 추려서 실어 보도록 하겠습니다. 참고하여서 반드시 여러분들의 어학연수에 있어서 구체적인 행동 계획이나 목표를 설정해 보기 바랍니다. 또한 필리핀과 인도어학연수에 대한 적절한 의미부여를 해 보기 바랍니다. 동일한 대상이라 하더라도 제대로 된 의미부여를 하는 것은 그 대상에서 성공적인 결과를 얻어내는 데 가장 중요한 요소가 될 수 있습니다.

그러한 작업이 성공연수의 첫걸음이 되리라 확신합니다.

(다음 경험담은 각 경험담 전문을 실지 않고 일부분만 발췌합니다. 발췌과정에서 표현법이 틀리거나 어색한 부분, 틀린 철자법 등은 수정하였습니다.)

필리핀에 갔다 온 이후에 제가 얻은 것은 영어에 대한 자신감입니다. 필리핀 가기 전에는 외국사람들 하고 만나면 무슨 얘기를 해야 할까? 얘기도 하나도 못하고 벌벌 떨고 영어에 대해서 흥미도 없었는데 필리핀에 다녀온 이후에는 외국사람에 대한 두려움은 하나도 없어지고 외국사람들도 그냥 한국 사람들과 똑같이 생각하고 얘기도 같이 하고 자연스럽게 영어가 나오더라고요. 저는 그런 자신감을 얻었어요.

지금 캐나다나 다른 국가로 필리핀에서 연계 연수를 생각하고 계시는 분의 대다수가 그곳에 가서 현지인을 친구로 사귀어 매일 영어를 쓰면서 실력을 향상 시켜야겠다고 생각을 하실 겁니다. 그러나 그건 정말 사실과는 거리가 먼 꿈에 불과한 얘기입니다. 그들에게 있어서 영어를 못하는 동양인은 더 이상 그들에게서 흥밋거리로 존재하지 않는다는 것입니다. 하지만 필리핀은 어떻습니까? 그들의 선한 국민성 덕에 우리가 먼저 다가가기만 한다면 언제든 그들은 우리의 좋은 친구이자 동시에 좋은 영어선생이 될 수 있다는 것입니다.

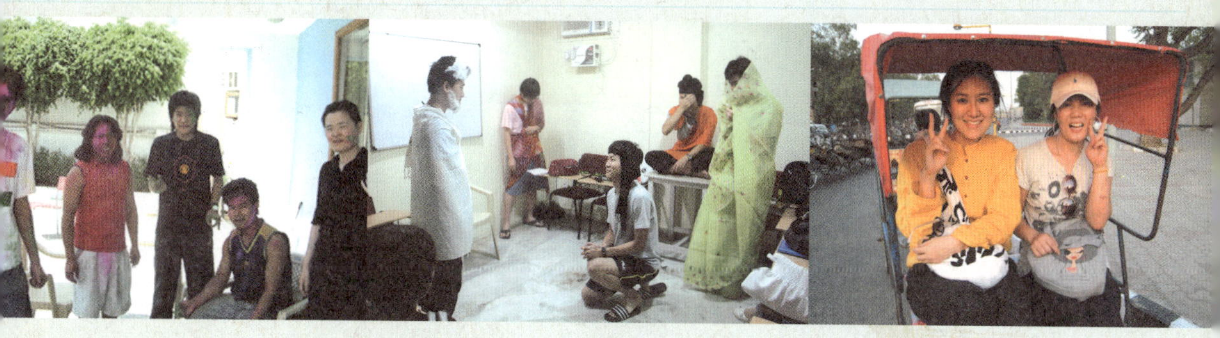

처음 유학원에서 상담을 할 때 제 영어 실력을 물어 보시더군요. 토익 250을 말씀드렸더니 이 상태로는 어느 나라를 가던지 실패만이 남을 거라고 말씀하시더군요. 그리고는 제게 추천해 주신 곳이 필리핀이었습니다. 어느 누구에게건 어학이라는 것은 가장 기본적인 역량이 중요하다는 말씀과 함께 필리핀을 추천해 주신 겁니다. 필리핀이라니... 솔직히 어이가 없었습니다. 제 계획에 필리핀은 전혀 있지 않았기 때문이죠. 미국이나 영국, 캐나다... 이런 곳이 제가 꿈꾸던 나라였는데 말입니다. 그저 한번 믿고 따라달라는 말씀에 필리핀으로 향했고... 그 곳에서 4개월 동안의 공부는 저의 기초 실력을 다지기에는 충분한 시간이었습니다. 물론 추천해 주신 학원도 최고였구요.

(I'm smoking now가 맞는지 I smoking now가 맞는지도 제대로 몰랐던 저였습니다. ^^;)

필리핀에서 처음 4개월간의 시간은 제게 있어서 천금과도 같은 시간이었습니다.

더욱이 단기간에 높은 성과를 올리기에는 더할 나위 없이 좋은 곳이지요.

처음 난 나의 입도 때지 못한 그놈의 영어 때문에 몸짓으로 얘기하는게 전부였다. 1:1은
수업은 그나마 선생님과 나 둘만하니 못해도 이것저것 시도도 하고 좋은데... 막상 다른
학생들과 함께 하는 1:4나 1:8 수업에 참여할 때에는 나의 형편없는 영어실력이 소문이
날까 입을 꼭 다물기 십상이었다. 그렇게 2주일을 벙어리로 있자 난 수업공략 조치
1호를 발동했다. 우선 1:1 수업은 기초문법과 많은 얘기위주로 꾸리고 1:4는 수업 전날 내
가 말할 것들을 영작해서 달달 외우고 본 수업에서 연극하듯 발표하는 한편 1:8은 다른 학
생들의 영어 구사방법을 배우는데 초점을 맞추었다.
2달 후~ 나는 1:1수업 때 말로 농담할 정도로 능글능글 해졌고, 1:4는 못 알아듣는 신참들
을 위해 수업시간 내내 통역해 주느라 바빴고, 1:8은 최일선에서 영어를 구사하기에 이르
렀다. 그 뒤 난 학원서 제일 높은 반으로 자리를 옮겼고 사람들은 그런 나를 보고 "야~저
쥐뿔도 아닌 죠지(내 영어이름)도 하는데 열심히 해보자"라는 열기가 돌았다.

캐나다 오기전 필리핀에서 3개월간 공부를 했습니다. 필리핀 1:1수업 굉장한 파워가 있습
니다. 그래서 그런지 캐나다 와서 첫학원(GV)에서 높은 레벨을 받았죠. 외국인(스위스,
브라질, 자판~~타이완~)과 한국인의 비율이 6:4~7:3 정도였으니까요. 유럽 애들 말 잘
합니다. 부드럽게. 근데 여기 와서 실망한 건 정말 영어 잘하는 한국 애들은 한 명도 못 만
나봤습니다. 심지어 1년 이상 있었다고 하는 애들도 똑같더군요. 근데 다 만족하고 한국
으로 돌아가더군요. 제 개인적인 생각입니다만, 그 정도로 만족하고 한국 갈 것 같으면,
필리핀만으로 충분하다고 생각합니다.

저는 지금 캐나다 빅토리아에 있습니다. 필리핀에서의 짧은 워밍업(?)을 마치고 왔는데 제 스스로 어리둥절할 만큼 어떻게 된 일인지 학원에서 가장 높은 레벨을 받는 바람에 (제가 여기 오기 전 필리핀에서 얼마나 열심히 공부를 했는지는 스스로 잘 모르겠는데 제 자신조차도 처음 레벨테스트에서 그런 결과를 얻은 것에 조금 놀랐고 불가사의하게 생각했습니다) 그때나 지금이나 그저 같은 반에 머물고 있습니다.(더 이상 올라갈 반이 없어서..--; 조만간 캠브리지 CAE에 도전해 볼 계획이구요)

덕분에 다른 분들이 말하는 문제점이나 불만(티처, 클래스메이트, 수업내용 등)같은 것은 거의 느끼지 못하고 소규모 반(가장 높은 레벨은 학생수가 대체로 없는 편입니다)에서 알차게 공부했다고는 생각합니다. 정말 다른 학생들과 비교할 때 많은 장점들을 갖고 좋은 환경에서 공부한 셈이지요.

이미 인도와 캐나다, 미국, 영국에서 1년간 세계일주 어학연수를 마치고 돌아온 절친한 후배 녀석이 강력하게 인도에서의 어학연수를 추천하더군요. 후라이팬에 CD굽는 소리처럼 들렸지만. (그 당시만 하더라도 저는 인도랑 영어랑은 전혀 관계가 없다고 생각했습니다) 그 녀석 말이라면 팥으로 메주를 쑨다고 해도 믿을 정도로 제가 그 후배 녀석을 신뢰하기 때문에 2번 생각하지도 않고 인도에서 3개월간 어학연수를 결정하게 되었습니다. (그 녀석은 1년간의 어학연수로 토익을 거의 만점 가까이 맞았다고 들었고요. 근데 그 녀석 영어 실력의 대부분이 인도에서 늘었다고 합니다)

토익 400점대에 처음에 인도에서 영어의 '영'자도 모르고 완전 초짜 Beginner로 시작해서 한달 반 수업하고 Pre-intermediate로 올라가고. 거기에 토론토와서는 전혀 아무도 예상치도 못한 Advanced Level!!! 불과 3개월만에 일어난 일입니다. 저로서도 전혀 생각치도 못한 너무나도 놀라운 일이예요. 아무리 생각해도 제가 바로 캐나다에 왔다면 분명 Beginner class였을 거라는 생각이 들어요.

태어나서 영어로 단 한 번도 말해본 적 없고 토익 본 적은 군제대후 두 번밖에 본 적 없는 영어에 문외한인 제가 인도에서 얻었던 것은 상상 이상이었네요. 지금 미국 Bellevue Community College에 다니는 중인데 스피킹, 리스닝은 ESL 코스 중 가장 높은 레벨을 받았구요, writing and reading은 바로 아래 단계 받았습니다. 이곳에 처음 와서 방황하는 학생들을 보면 인도에서 공부하지 않았었다면 제게 무슨 일이 벌어졌을지 두렵습니다.

작년에 인도에서 어학연수를 마치고 집에 돌아오자마자, 변리사 시험 발표가 났는데 떨어졌었습니다. 너무나도 속이 상하고 절망스러워서... 한동안 아무 일도 할 수 없었는데요....ㅠㅠ 인도에서 사귄 친구들이 많이 위로도 해줬고, 인도여행을 통해서 길러진 정신력을 발휘해서 다시 공부를 시작했습니다. "한번만 더 해보자! 이번에도 떨어지면 정말 자결한다."는 기분으로 이를 꽉!!!! 깨물고 다시 공부를 했었습니다. 쉽지는 않더군요. 변리사 시험은 토익 775점, 1차 시험, 2차 시험으로 이루어졌는데, 그때 저는 토익부터 다시 봐야 했습니다. 그런데 공대생들에게 토익 775점은 정말 장난 아니게 높은 점수였습니다. 게다가 저는 작년 12월에 귀국했기 때문에 저는 1차 시험 전까지 토익시험을 볼 수 있는 기회가 1번밖에 없었습니다. 공부할 시간도 거의 없었고, 몸도 많이 안좋아서 올해 시험은 끝장났구나 생각했는데 결과가 나와 보니까 850점이 나왔더라구요.^^ RC점수는 별론데.... LC점수가 거의 만점 가까이 나왔더라구요. 허~! 처음에는 너무 어이가 없어서 아마도 인도에서 3개월의 어학연수 중 1:1수업과 네오 테일러와 함께했던 리스닝 스터디가 정말 정말 많은 도움이 되었던 것 같습니다. 기분이 너무 좋더군요. 운도 많이 따라준 것 같았구요. 그리고 나서 공부에 탄력이 붙었습니다. 아무리 오래 공부해도 피곤하거나 지겹지 않고 오히려 재미있었습니다. 그러더니 올해 3월에 1차 시험에 아주 우수한 성적으로 합격하고, 8월의 2차 시험도 가볍게 통과했습니다. 어찌나 기쁘던지..ㅎㅎㅎ 이게 다 토익시험이라는 첫고비를 잘 넘겼기 때문에 가능했던 것 같습니다. 만약에 작년 2차 시험이 끝나고 인도로 어학연수를 가지 않고 띵가 띵가 집에서 술이나 먹고 놀았다면, 지금 어떤 결과가 나왔을지 정말 소름끼치네요....ㅎㅎㅎ

제가 캐나다에 도착했을 때 현지 홈스테이 하는 분들도 상당히 놀라시더라구요. 첨 왔는데 말 잘한다고. 이거 자랑 하는 것 같아 쑥쓰러운데요. 그 말 들었을 때 뿌듯하더라구요.. 영어를 말할 때 정말로 자신감이 중요한 것 같아요. 그래서 처음부터 학원과 더불어 어학연수의 양대 공간이라 할 수 있는 숙소에서의 영어하는 환경을 잘 이용할 수 있게 되었습니다.

호주에 와서 어느덧 한달여 시간이 흐르고, 이제 홈스테이도 끝나서 쉐어 하우스 구하고 있고, General course도 끝나고 이제 Cambridge course 시작합니다.^^ 인도에서의 시간 덕분에 General도 그렇고 Cambridge도 그렇고 모두 목표하던 최고레벨에서 공부할 수 있게 됐습니다.^^ General course에서 저희 반에 한국인이 아니, 동양인이 저 혼자였다면 믿으시겠어요?

인도를 선택한 건 정말 현명했던 것 같습니다. 이곳 영국에 와서 '바로 Upper Intermediate 레벨로 정해졌는데 만약 한국에서 바로 왔다면 절대 불가능한 일이었을 거예요. 어퍼인터 이상만이 캠브리지코스를 들어갈 수가 있다는 사실을 여기 와서 알았는데요, 천만다행이죠. 상대적으로 훨씬 저렴한 비용으로 인도에서 기초를 다지고 와서 비용도 절약하고 목적한 캠브리지 코스도 문제없이 들어갈 수 있게 되었으니 어찌 인도를 좋아하지 않을 수 있겠습니까? 또 여기에서 제가 인도에 다녀왔다고 하니까 모두들 엄청난 관심을 갖더라구요. 유럽 애들은 인도를 너무너무 신기해하는 거 같아요. 그래서 영어로 말할 기회가 조금 더 많아지게 되었어요.

막상 미국에 와 보니 그곳에서 밥 해주던 스탭 분들이 가장 생각납니다. 항상 더 달라고 했었죠.^^ 진짜 그곳에서 된장국과 김치를 먹으며 지낼 수 있었음에 감사드립니다. 지금 미국에 와서 생활해보니 빨래에 청소에 식사에, 살림에도 신경을 써야 한다니. 그땐 몰랐는데 정말 상전처럼 영어에만 집중하면서 지냈던 것 같습니다.

뉴질랜드 오자마자 조금은 서툴지만 자연스럽게 듣고 이해하고 말하고 하는 것이 너무 좋았습니다. 자신감을 얻은 덕분에 외국 친구들도 바로 사귀게 되고 여행도 다녀오고 값진 경험을 하고 있습니다. 인도에서의 경험이 이곳에서 진가를 발휘하는 셈입니다. 만약 바로 뉴질랜드에 왔더라면, 참 힘들었을 겁니다.

선배의 추천으로 인도로 연수를 가기로 결정을 해 놓고도 이게 과연 잘 하는 일일까 수없이 많이 생각하고 고민하던 끝에 갔던 연수였는데요, 지금 생각해 보면 여러모로 현명한 선택이었던 것 같습니다. 다른 말씀 드릴 필요 없이 만약 누군가 어학연수를 간다고 한다면 인도를 적극 추천할 거라고 한다면 설명이 될까요?

특히 저처럼 영어의 기초 (아주 기초적인 영문법이나 용법 등)가 약해서 영어 실력 향상에 있어 문제를 겪으시는 분들이나 아예 영어의 기초가 없어서 서구권에서 시작하기가 힘드신 분들, 다른 부분들에 비해 말하기에 있어 어려움을 겪으시는 분들에게는 psp가 최적의 연수처가 될 거라고 말씀 드릴 수 있겠습니다.

거기다 국내 뿐만 아니라 세계 각지의 기업들이 앞 다투어 진출하고 있는 인도의 가능성을 몸소 체험하고 새로운 시장에 대한 식견을 넓힐 수 있다는 것, 우리나라와는 차원이 다르게 넓은 땅에서 큰 생각을 해볼 수 있다는 것, 주변에 매력적인 여행지가 가득 차 있다는 것 등은 정말 연수의 가치와도 비견될 수 있는 큰 보너스라고 생각됩니다.

인생의 단 한번 뿐인 나만을 위한 소중한 시간, 어학연수...

어학연수를 준비하는 많은 이들을 보면 어학연수가 내 삶에 있어서 얼마나 소중한 의미를 갖는지를 깨닫지 못하고 그저 인생의 하나의 이벤트처럼 여기는 경우를 많이 보게 됩니다. 그저 호기심 어린 표정으로 어느 나라 갈까, 어느 학원 갈까 하는 정보탐색으로 몇 날 밤을 새워 버리기도 합니다. 가기 전에는 친구들이나 지인들과 깊은 술자리를 통해서 그리 길지 않은 떨어짐의 시간을 온갖 정서의 과장 속에 흥청망청 지내기도 합니다. 연수생활 시에는 새롭게 만난 한국친구들과 두터운 우정을 쌓는데에만 열중하는 이들도 있습니다. 값싼 향수병으로 자신의 불성실이나 나약함을 변명하려 하기도 합니다. 하지만, 어학연수는 인생의 한 시기 그저 색다른 문화를 접하는 단순한 이벤트가 절대 될 수가 없습니다.

조선시대, 동아시아 세계체제하에 살면서 한자를 다룰 수 있는 사람들이 그 시대의 모든 부와 명예와 권력과 안락을 소유했듯이, 중세 유럽에서 라틴어를 다룰 수 있는 귀족이나 성직자가 그 시대의 모든 부와 명예와 권력과 안락을 소유했듯이, 지금의 세계화 시대에는 영어로 의사소통이 가능한 사람만이 오직 그와 같은 기회들을 가질 수밖에 없게 됩니다. 사회학적 개념으로 'English Divide(영어능력에 따른 계층격차)' 가 되는 것입니다.

따라서 어학연수는 자신의 인생에서 절체절명의 소중한 시간이라 할 수 있으며, 반드시 성공적인 결과를 얻어야만 하는 인내와 노력과 열정의 결정체가 되어야 합니다.

또한 이러한 시간은 인생에 두 번 다시 주어질 수 없습니다. 삶을 살면서 오로지 자신만의 발전을 위해서 순수하게 24시간을 투자할 수 있는 유일한 시간이 어학연수인 것입니

다. 이제껏 한국에서의 생활에서 학교나 직장생활, 여러 인간관계, 집안일에 주변 대소사에 오로지 100% 자신만을 위한 시간이나 열정이 있을 수 없었습니다. 이후 결혼을 하면 또한 가정과 자녀들을 위한 절반 이상의 자신을 살아야 합니다.

하지만, 어학연수는 한국의 일상을 떠나 자신만을 위한 순수한 시간이 됩니다. 개인의 삶을 갈수록 더욱 혹독하게 만들어 가는 세계화 시대에, 글로벌 의사소통 능력을 갖지 못하면 참으로 큰 고난을 살아가야 할 '불쌍한' 자신에게 노력해 줄 수 있는 거의 유일한 시간이 되는 것입니다.

성공은 그냥 "하면 된다"는 철학만으로는 이루어지지 않습니다. 성공으로 나아갈 수 있는 시스템을 잘 이해해야 하며, 그 위에 자신을 위치시킴으로써 불굴의 의지가 아닌, 시스템으로 성취 되어야 성공의 가능성이 높아지게 되는 것입니다.

필리핀과 인도 어학연수는 연수시스템 중 성공어학연수로 이르는 가장 훌륭한 시스템이 될 것이며, 또한 인생의 단 한번 뿐인 나만을 위한 소중한 시간으로써의 어학연수의 의미에 가장 적절한 환경이 될 것입니다.

적절한 의미부여와 믿음, 그리고 '고독한' 자기관리로 반드시 성공적인 필리핀, 인도 어학연수를 도전해 보시기 바랍니다. 인생에 단 한번 3~6개월 정도의 시간조차 자신만을 위해서 온전히 노력해 주지 않는다면, 그 후회와 회한은 평생 이어질 것이며, 그 불성실의 계산서는 평생 신용카드 내역서나 걱정하고 살아야 할 모습으로 어김없이, 반드시 다가오게 됩니다.

여러분들의 건투를 빕니다!

LANGUAGE SCHOOL
어학연수 카페
NO.1
학연수 준비하기
필리핀·인도
어학연수
꼭 성공하기
한국형 어학연수의
글로벌 스탠다드
Can I get a refund?

어학연수 카페
NO.1
필리핀·인도
어학연수
꼭 성공하기
어학연수 준비하기

나는 한달만에
어학연수를 마치고
1년만에 누벼 드대학에
입학할거야!
필 리 핀 · 인 도
어 학 연 수
꼭 성 공 하 기
I'd like
to cancel
my flight.
얘들, 북들,
한국가서 Follow-up!
How Much?
어학연수 준비하기
한국형 어학연수의
글로벌 스탠다드
Study English With Hyejiwon

어학연수 카페 NO.1
어학연수 준비하기
영어의 원조가
어느 나라인지
생각해보라규~
USA
필리핀·인도
어학연수
꼭 성공하기
한국형 어학연수의
글로벌 스탠다드
WELCOME!
MI NA LEE.
왜 이리
안 오능겨?